KB095909

인공지능시대
주인으로 살기

인공지능시대 주인으로 살기

김희용 지음

책연

인공지능 시대에
주인으로 살고 싶은 이에게

4차 산업혁명 시대는 인공지능이 물처럼 공기처럼 모든 분야에 활용되는 시대입니다. 기존의 여러 산업들이 정보통신기술로 연결되고 융합되는 산업사회가 됩니다.

인공지능은 인간 두뇌를 모방한 기계입니다. 인공지능은 먹지도 자지도 않고 24시간 365일 동안 공부하고 연구합니다. 인간의 지적능력으로는 인공지능과 경쟁이 되지 않습니다. 4차 산업혁명 시대에는 인공지능에 대체되지 않도록 인공지능이 갖고 있지 않는 능력을 키우는 것이 중요합니다.

그러기 위해서는 자기주도적 학습으로 다양한 분야의 경험과 독서를 하고 협업과 놀이를 통해서 타인과 공감할 수 있어야 합니다. 여기에서 생각하는 힘과 미래를 예측하는 사고와 창의성이 생겨납니다. 또한 코딩교육 같은 실질적인 디지털 교육도 필요합니다. 인공지능 시대를 살기 위해서는 디지털 문해력인 컴퓨터와 IT기술 이해 및 활용능력이 중요합니다.

그리고 자신만의 전문성이 있어야 합니다. 이러한 전문성을 바탕으로 다양한 분야의 융합과 소통능력을 갖춰야 인공지능으로 대체되지 않는 미래에 필요한 창의적인 인재가 됩니다.

미래를 주도적으로 살아가는 방법은 미래를 스스로 준비하고 만들어가는 것입니다. 미래에 펼쳐질 새로운 직업의 세계를 미리 알고 남보다 한발 앞서 준비한다면 미래에 필요로 하는 인재로 성장하고, 자신의 미래를 구체적으로 그리며 선택할 수 있게 될 것입니다.

저는 우리나라 초중고교생들이 과학기술에 대한 흥미와 꿈을 가지고 우리나라에도 미래에는 스티브잡스나 빌게이츠 같은 창의적인 사업가 및 과학자들의 출현을 기대하면서 초중고교의 과학반에 과학기술의 미래에 대한 강연봉사를 해왔습니다. 그러면서 그들의 과학기술발전에 대한 관심과 특히 초등학생들의 초롱초롱한 눈빛과 눈망울을 잊을 수 없어 관련 내용의 정리 필요성을 느끼게 되었습니다.

현명한 부모란 긴 안목을 가지고 그런 길을 자녀에게 알려주고 보여줄 수 있는 부모일 것입니다. 자녀의 밝은 미래를 위해 부모가 현명하게 교육하고 자녀를 준비시켜 주어야 합니다. 그 안에 미래의 행복한 인생이 있습니다.

지난 30여 년간 과학기술정책평가연구기관에 근무하면서 과학기술의 발전경과를 지켜보고 기업기술가치평가사, 과학기술 앰배서더로서 활동한 경험으로 앞으로 유망기술발전에 따라 나타날 미래직업의 세계를 이 책을 통해 제시해보았습니다. 각 분야의 권위 있는 과학자들이 참여한 한국과학기술기획평가원의 미래기술 예측, MIT의 미래 유망기술 그리고 UN 미래보고서 및 OECD의 자료를 분석하여 미래 유망기술 및 직업 세계를 예상해 본 것입니다.

또한 과학기술 분야에 대한 초중고학생들의 진로 탐색 및 설계를 지원하는 과학기술진로 컨설턴트로서 다년간 활동한 경험에 비추어 미래에 좋은 직업을 얻기 위해 무엇을, 어떻게 준비해야 하는지도 함께 실었습니다.

미래기술산업연구원장, 미래기술직업 캐스터
기술이전전공 경영학박사
김 희 용

Contents

01

10년 뒤 우리에게는
어떤 미래가 기다릴까?

10년 뒤 미래의
일상적인 하루

10년 뒤
나의 하루

    10년 뒤 우리가 살아갈 미래세상은 어떻게 바뀔까? 과학기술 발전으로 인한 미래세상은 예상할 수 없을 정도로 빠르게 발전하고 공상과학 만화에서 보았던 지금까지와는 전혀 다른 세상이 될 것이다. 4차 산업혁명 시대는 기존의 제조업에 정보통신기술(ICT)산업이 융합되는 새로운 시대이다. 수년 내에 펼쳐질 가상의 미래세상의 모습을 예상해 본다.

4차 산업혁명으로 나의 일상생활이 달라졌다.

3D프린터로 나의 집을 일주일 만에 만들었다. 아침에 일어나면 요리사로봇이 내 취향에 맞는 건강한 식사를 준비하고 있다. 인공지능 스피커는 오늘의 스케줄을 알려준다.

벽에 있는 스크린으로 인공지능 의사가 수면 중의 나의 건강상태를 보여준다. 때마침 어젯밤에 주문한 물건이 로봇과 드론 택배로 현관 앞에 도착해 있다.

문 앞의 인공지능 비서가 오늘 날씨와 나의 취향을 고려하여 추천해 준 의상을 3D프린터로 만들어 입고 집을 나설 채비를 한다.

인공지능 비서는 공유 자율주행차를 집 앞으로 호출하였다. 무인으로 가는 자율주행차를 타고 가서 서울의 하이퍼루프(진공튜브 초고속열차)역에서 환승한 초고속 기차는 부산까지 25분 만에 도착하였다.

도착 장소에는 인공지능 비서가 시간에 맞춰 호출한 자율주행차를 이용하여 부산의 연구소로 향했다. 그곳에는 사람이 하였다면 2년 걸릴 일을 먹지도 자지도 않고 일하는 인공지능이 며칠 만에 신소재를 개발하였다. 개발한 신소재는 1인 제조업으로 등록하여 아마존 등에서 판매할 예정이다.

점심식사 시간이 되었다. 알약으로 간단히 점심을 때울 수 있지만 손목밴드형 스마트폰이 맛집을 추천한다. 날씨와 기분, 일정과 주변 환경 등 나의 빅데이터를 분석한 메뉴이다.

일과를 마치고 집에 돌아와서 요즘 유행인 파란 눈동자로 바꿔보고 싶어 유전자 교정 단백질을 섞은 물을 먹었다. 이물은 유전자 가위(DNA 절단기능, 특정 부위를 정확히 인식)로 만든 것이다.

자기 전에 화장실에서 건강이 체크되어 주치의에게 원격으로 전달된다. 주치의가 건강검진 내용분석 후 건강 관리할 내용이 통보된다. 그러면 제약회사에서 약을 제조해 드론과 배송로봇이 집으로 배달해 준다.

4차 산업혁명이 바꿔놓을 우리의 일상생활의 일부는 이미 현실로 다가왔다. 지금 시대는 모든 영역이 상호작용하면서 과거와 차원이 다른 혁신이 일어나고 있다. 전통적인 제조·금융업에서 IT기업 데이터 경제 기업들로 주류가 바뀌어 가고 있고 일자리도 많은 변화가 있을 것이다.

4차 산업혁명 시대의
유망기술과 미래직업

4차 산업혁명 시대의 가장 유망하고 필요한 기술로는 인공지능, 로봇, 빅데이터, 바이오헬스, 디지털 플랫폼이다.

4차 산업혁명 시대에는 정보통신기술이 경제 사회 전반에 융합되어 혁신적인 변화가 일어난다. 이에 따라 IT 및 인공지능 관련기업들이 주류로 떠오르게 되고 일자리도 많은 변화가 생긴다.

단순 반복적인 일인 사무직은 인공지능로봇으로 대체되고 있으며, 기계적인 일인 운전기사도 무인 자율주행차가 출시하면 서서히 사라지게 될 것이다. 사회적 경제적으로 안정된 직업인 의사, 변호사, 약사, 회계사, 교사 등도 인공지능로봇과 경쟁하고 인공지능로봇에 의해 점점 대체된다.

반면에 인간의 섬세함과 창의성이 요구되는 직업은 계속 살아남을 것이다. 새로운 트랜드를 개척하는 디자이너, 3D 프린팅 전문가, 예술가, 운동선수, 연예인 등 인간의 진정한 능력이 꼭 필요한 일자리로 기술이 대체할 수 없는 창조적인 산업에 종사하는 직업이다. 미래에 어떤 직업은 사라지지만 새로운 직업이 생기고 또 어떤 직업은 합쳐지고 협업하여 새로운 형태로 재창조될 것이다.

기술진보는 직업과 삶을 바꿨다

프랑스 경제학자인 세이(Jean Baptiste Say)는 기술이 발전하면 생산성이 높아지고 상품 가격이 하락하여 상품 수요가 증가하게 되고 따라서 생산과 고용이 증가할 것으로 보았다. 반대로 마르크스(Karl Marx)는 점점 기계가 인간의 노동을 대체할 것으로 보았다.

종말 시리즈로 유명한 리프킨(Jeremy Rifkin)은 1994년에 『노동의 종말』에서 인공지능과 자동화로 인간의 노동이 줄어들고 저임금·임시 일자리만 새로 만들어질 것이라 보았다.

그러나 역사적으로 보면 기계와 자동화에 의한 인간 노동의 대체는 일시적인 현상이었다. 오히려 장기로 볼 때 기술진보는 일자리를 늘렸다.

20세기에는 전화, 전기, 세탁기, 냉장고, 자동차 등의 새로운 상품이 우리의 삶을 바꾸었다. 가사 노동이 줄어들어 여성들의 사회진출이 활발해졌고 상류층만 즐기던 여가가 확대되어 노동자들도 누릴 수 있게 되었다.

새로운 상품에 대한 수요는 곧 생산 증가와 고용 증가로 이어졌고 새로운 제품과 관련된 새로운 직업들이 나타났다. 20세기 후반과 21세기 초반에도 PC, 인터넷, 이동통신, 스마트폰과 같은 제품들이 우리의 삶을 변화시켰고 프로그래머와 같은 새로운 직업들이 나타났다. 이렇게 새로운 제품은 고용을 창출시키고 직업의 구성도 변화시킨다.

기술진보는 생산방법을 바꾸고, 생산과 고용을 늘렸다.

새로운 생산방법은 기존의 임금비용보다 더 적은 비용이 들어갈 때 본격적으로 도입된다. 이 경우 기존의 노동을 대체하는 효과가 나타난다.

예를 들면 은행들이 ATM기를 도입할 때 사람들은 은행의 고용이 감소할 것으로 예측했다. 그러나 ATM기 도입으로 지점 운영비용이 절감되어 오히려 지점이 확대되었다.

지점이 증가하면서 고용은 증가하였고 은행직원들은 단순 입출금 업무에서 벗어나 다양한 금융서비스를 고객에게 제공하게 되었다.

19세기와 20세기 중반까지 새로운 생산방법으로 대량생산 체제가 되었고 대규모 제조업 중심의 고용관계가 형성되었다.

즉 정년이 보장되고 높은 임금을 받으며 일정한 공간에서 근무를 하는 형태가 나타나게 되었다. 안정적이고 높은 소득을 얻는 노동자 계층이 증가하면서 상품에 대한 수요가 증가하였고 다시 생산과 고용 증가로 이어졌다.

3차 산업혁명은 컴퓨터, 인터넷이 기술을 주도했었다. 여기서 한 단계 더 진화한 것이 4차 산업혁명이다.

2016년 세계경제포럼에서 언급된 후, 정보통신기술 ICT 기반의 새로운 산업 시대를 대표하는 용어가 됐다. 4차 산업혁명의 핵심은 초고속 기술의 초연결과 융복합이다.

인공지능AI, 사물 인터넷(IoT), 빅데이터 등 지능정보기술이 기존

산업과 서비스에 융합되거나 3D 프린팅, 로봇공학, 헬스케어 등 여러 분야의 신기술과 결합되어 세계 모든 제품·서비스를 네트워크로 연결하고 사물을 지능화한다. 따라서 청소년들은 그들이 살아갈 4차 산업혁명 시대를 지금부터 대비해야 한다.

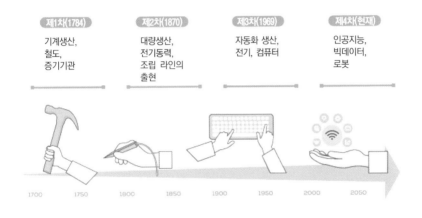

4차 산업혁명은 이전의 1, 2, 3차 산업혁명과는 비교도 할 수 없을 정도로 빠르게 변화시킬 것이며 그 속도나 파급력은 이전의 산업혁명보다 어마어마할 것이다.

이에 세계 여러 나라들은 이러한 미래를 대비하기 위해 새로운 차세대 교육 방법에 골몰하고 있다. 지금부터라도 4차 산업혁명 시대를 대비하지 않는다면 전 세계 아이들과의 일자리 경쟁에서 밀릴 수밖에 없다. 4차 산업혁명과 함께 미래 일자리 지도에는 말 그대로 지각변동이 일어나고 있다.

　미래학자 토머스 프레이는 "2030년 20억 개 일자리가 사라질 것"이라고 했고, 제임스 캔턴은 "2025년 무렵의 직업 가운데 70%는 아직 나타나지 않았다"고 했다. 앞으로 10년도 채 남지 않았다. 그 기간 동안 무려 70%의 직업이 지금과 전혀 다른 양상으로 나타나고 사라질 것이라는 관측이다.

20:80의 미래 직업 사회가 온다

　스페이스엑스·테슬라모터스의 CEO 일론 머스크는 '국제기구 정상 회의(World Government Summit')에서 "미래는 인공지능(AI)의 상용화로 인류의 20%만이 의미 있는 직업을 갖게 될 것"이라고 전망했다. AI로 인해 현존하는 일자리의 상당 부분이 없어질 거란 이야기다.

　영국 옥스퍼드대 연구팀은 2033년까지 현재 직업의 47%가 사라질 것이라고 예측했다.

　일본의 경영컨설턴트 스즈키 타카히로는 자신의 책 『직업소멸』에서 "30년 후에는 대부분의 인간이 일자리를 잃고 소일거리나 하며 살 것"이라고 전망했다.

　한국고용정보원의 연구 결과도 현재 사람이 수행하는 업무의 상당 부분이 쓸모없어질 것이라고 예측한다. 2030년 국내 398개 직업이 요구하는 역량 중 84.7%는 AI가 인간보다 낮거나 같을 것이라고 한다. 비교적 전문영역으로 꼽혔던 의사70%, 교수59.3%, 변호사 48.1% 등의 역량도 대부분 AI로 대체될 것이란 설명이다.

미래에 이처럼 많은 일자리가 사라지는데, 더 큰 문제는 이러한 직업의 감소가 서서히 이뤄지는 것이 아니라 어느 날 갑자기 증발 해 버린다는 사실이다.

미국에서 1880년대에 처음 등장한 엘리베이터 도우미는 1950년 대 12만 명으로 정점을 찍었다. 그러나 1960년대 6만 명으로 반 토 막 난 뒤 얼마 후 사라져버렸다.

이와 비슷한 일이 조만간 운수사업에서도 일어날 전망이다. 자율 주행 기술의 개발로 운전기사란 직업이 증발해버릴 것이라는 예측 이다.

AI 의사, AI 변호사 등 인간의 능력을 뛰어넘는 인공지능 로봇의 등장으로 의사, 변호사 등의 전문직도 일자리 급감이라는 위기 상 황에 직면할 것이다. 물론 일자리 자체가 사라지진 않겠지만, 숫자 가 줄고 역할이 크게 달라질 것이다. 이미 의료계에선 AI 의사 왓슨 의 도입으로 사람 의사의 역할이 크게 변화하고 있다.

2016년 가천대 길병원이 국내 처음 도입한 왓슨은 수십만 명의 환자 데이터와 수많은 의학 자료를 갖고 있다. 인간 의사는 도저히 따라갈 수 없는 방대한 지식의 양이다. 빅데이터를 바탕으로 왓슨 은 단 8초 만에 환자에 대한 진단과 처방을 내린다. 왓슨과 함께 일 해 온 가천대 길병원 신경외과·뇌과학 연구소 교수는 "AI 도입 후

의사의 역할이 완전히 달라졌다"고 말한다. 그는 "과거엔 의사 개인의 임상경험과 의학 지식만으로 처방과 진단을 내렸지만, 이제는 왓슨을 활용함으로써 환자와 소통하고 정서적 유대를 형성하는 의사의 역할이 더욱 중요해졌다"고 말한다.

4차 산업혁명 시대에는 어떤 일이 벌어질까?

대한민국의 변화 속도는 전 세계에서 가장 빠른 수준이며, 미래사회에 무슨 일이 일어날지 예측해보는 것은 그만큼 더 어려워졌다. 과연 미래에는 어떤 일이 벌어질까?

미국의 저명한 경영학자 피터 드러커(Peter Ferdinand Drucker)가 "미래를 예측하는 가장 좋은 방법은 미래를 만들어가는 것"이라고 하였다. 미래사회에서 어떤 일이 벌어질 것인지를 생각해 보는 것은 미래사회를 만들어갈 수 있는 주도권을 확보한다는 측면에서 매우 중요한 의미를 가진다.

• 초고속 기술의 발전

  5G를 넘어 6G 시대의 도래

• 인공지능과 초지능

  로봇과 인공지능, 드론 활용, 기계의 자동화, 지능형 교통시스템

- **초연결 기술**

  정보통신기술, 네트워크기술, 모바일 기술의 발전, 데이터 처리능
  력 향상

- **융합을 통한 창조**

  과학기술의 융복합화 증대, 신산업·신기술 등장, 산업의 융합

- **공유경제의 활성화**

  스마트폰, 빅데이터의 발전으로 필요한 사람들과 공유.
  우버 택시, 에어비앤비 등

- **기대수명 증가**

  실버산업 성장, 건강 증진, 의료산업의 고도화, 생명과학기술의
  발달

- **인간 능력 확대**

  기계의 발전에 따른 인간 능력 강화, 인지과학 확대, 뇌 과학의
  발달, 교통의 발달로 세계 1일 생활권

- **새로운 소재 신소재, 나노기술의 발달**

  우주 시대 우주 경쟁의 재시작, 우주 공간의 상업적 가능성

- **지능 및 데이터 기반의 다양한 기술 혁신과 융합으로 새로운 가치 창출**

높은 구조적 실업 및 불완전고용, 고용 없는 성장 지속, 선진국 저성장 위험 지속 등의 변화가 20~30년 후에 전부 현실로 일어날지는 알 수 없다. 분명한 건 이러한 변화들이 우리의 삶과 미래에 직결되어 있다는 사실이며, 그러한 미래에서 행복하고 의미 있는 삶을 살아갈 수 있도록 지금부터 준비해야 한다는 사실이다.

인간의 삶을 바꿀 기술 변화

무인 자율차, 인공지능 의사, 드론 택배 같은 디지털 혁신을 이끌기 위해 모두가 소프트웨어 엔지니어나 컴퓨터과학자가 될 필요는 없다. 디지털 혁신은 기술을 어떻게 적용해야 하는지 그 방법을 찾아내는 일이다. 과학자들은 빅데이터, 사물인터넷, 음성인식, 블록체인 등의 분야에서 생활 패턴을 바꾸어 놓을 변화가 있을 것으로 보고 있다.

- **빅데이터**

최근 인간의 삶에서 유례가 없을 만큼 많은 양의 데이터가 생산되고 있는 중이다. 소셜미디어 SNS에서 사람들이 인터넷을 사용한 후 남겨놓은 디지털 기록까지 수많은 정보들이 매일같이 축적되고 있다. 이 데이터는 산업적으로, 혹은 비상업적으로 큰 가치를 지니고 있다. 과거 이 데이터의 가치를 알아본 것은 몇몇 기업들과 전문가들이다. 그러나 최근 빅데이터의 팽창은 거의 사회전 분야에 걸쳐 과거 불가능했던 일을 가능하게 하고 있다. 다양한 형태의 플랫폼을 통해 이전에 볼 수 없었던 빅데이터 시스템이 대거 등장할 것으로 보여진다. 공공 부문, 보건복지, 화폐 등정책 관련 각 분야에서, 산업 부문에서는 에너지, 금융, 로봇 등의신산업 분야에서 빅데이터 비중이 더 커질 것으로 예상된다.

• 사물인터넷

책상, 냉장고, 세탁기, 자동차 등 세상에 존재하는 모든 사물들(Things)이 서로 인터넷에 연결된 것을 사물인터넷(Internet of Things)이라고 한다. 영어의 머리글자를 따서 '아이오티(IoT)'라고도 한다. 사물인터넷은 연결되는 대상이 책상이나 자동차처럼 유형의 사물에만 해당하지 않는다. 교실, 버스정류장 등의 공간은물론, 편의점의 결제 프로세스 등 무형의 사물도 그 대상에 포함한다. 사물인터넷은 사물들이 연결되어 새로운 서비스를 제공하는 것을 의미한다. 즉 두 가지 이상의 사물들이 서로 연결됨으로써 개별적인 사물들이 제공하지 못했던 새로운 기능을 제공하는 것이다. 예를 들어 침대와 커튼이 연결되었다고 가정해 보자. 지금까지는 침대에서 일어나서 커튼을 열거나 닫아야 했지만, 사물인터넷 시대에는 침대가 사람이 자고 있는지 깨어 있는지를 스스로 인지한 후 자동으로 커튼이 열리거나 닫히게 할 수 있게 된다. 마치 사물들끼리 서로 대화를 함으로써 여러 가지 기능들을 처리 하게 되는 것이다.

앞으로는 집에서 사용하는 사물들뿐만 아니라 학교, 회사, 거리 등 어디서든지 사물인터넷을 이용할 수 있을 것이다. 따라서, 우리 생활은 점점 더 편리해질 것이다.

• **음성인식**

인공지능은 청각 부문에 있어서도 사람처럼 대화가 가능한 수준에 이르렀다. 인공지능이 지원하는 기기들을 통해 매일의 스케줄과 정보들을 체크하고, 사람과 대화를 하듯 다양한 정보를 주고받는 일이 일상화될 것이다.

• **블록체인**

블록체인은 데이터 분산 처리 기술이다. 이 기술을 적용할 경우 은행거래 내역 정보를 중앙은행과 거래자 컴퓨터에 똑같이 저장할 수 있다. 거래장부 자체가 인터넷상에 개방돼 있고 수시로 검증이 이뤄지기 때문에 원천적으로 해킹이 불가능하다. 블록체인 기술은 메타버스에서도 활용하고 있다.

부모의 선견지명이
아이의 미래를 바꾼다

장기적인 안목이 모든 것을 결정한다

안목은 고위직에 오르고, 권력자가 되고, 부자가 되고, 성공한 후에 생기는 것이 아니다. 정치, 경제, 사회 지도자의 안목에 따라 기업과 세상은 요동친다. 부자가 되고 성공하고 자신의 꿈을 이루는데 안목이 중요하다.

자본이 없어도 안목 있는 자에게는 기회가 온다. 귀인이 다가와 손을 내민다. 흔히 책을 1만 권 읽으면 귀신과도 통한다고 한다. 1만 권의 책보다 한 사람의 훌륭한 스승을 만나는 것이 더 어렵다고 말한다.

훌륭한 스승이나 멘토가 없어도 미래를 보는 안목을 키우려면 다양한 분야의 독서와 경험을 하고 많은 사람들과 소통을 해야 한다. 여기에서 공감과 생각하는 힘이 길러지며 이를 통해 미래를 보는 통찰력이 생기게 된다. 지금이 바로 변화하는 세상을 읽을 때다. 세상을 읽고 장기적인 안목으로 미래를 준비한 자만이 미래의 당당한 주인공이 될 수 있다.

미래학자 피터 드러커는 "미래를 예측하는 가장 좋은 방법은 미래를 창조하는 것"이라고 하였다. 미래는 결국 인간이 만들어가는 것이므로 지금 어떤 준비를 하고 어떤 노력을 하느냐에 따라 우리의 미래는 달라질 수 있다.

지금으로부터 10여 년 전에는 대부분의 사람들이 휴대폰으로 피처폰을 사용했었다. 지금은 스마트폰을 쓰지 않는 사람을 찾아보기가 어렵다. 그때에는 스마트폰을 아는 사람도 많지 않았었는데, 지금은 생활의 필수품이자 가장 지배력이 강한 매체가 된 것이다. 그렇다면 지금으로부터 10년 후 혹은 20년 후에는 어떤 기술이 사회를 변화시키게 될까?

기술의 발전은 사회 변화를 가져왔다. 산업혁명을 예로 들 수 있다. 1차 산업혁명은 증기기관을 통한 노동력의 변화, 2차 산업혁명은 전기를 통한 대량생산, 3차 산업혁명은 컴퓨터와 정보기술(IT)을 활용한 디지털 혁명의 사회변화를 선도해왔다. 앞으로는 4차 산업혁명이 변화를 주도할 것이다.

4차 산업혁명 시대의 지능정보기술은 사람과 사물, 정보를 상호 연결하여 기술과 사회의 융합을 가속화할 것이다. 이러한 기술의 영향력은 사회와 삶 전반에 더 광범위하고 깊고 빠르게 파고들 것이다.

그렇다면 이러한 기술의 파급효과가 언제, 어떻게 확산될지 예측이 되어야 이를 바탕으로 무엇을 준비할 것인지도 알 수 있다. 세계는 지금 4차 산업혁명으로의 이행이라는 중요한 시험을 앞두고 있다. 우리 또한 적응하느냐 도태되느냐의 기로에 서 있다.

앞으로의 노력여하에 따라서 기술의 확산 시기를 예측보다 앞당길 수 있다. 또한 변화하는 시대에 맞춰 우리 아이들의 교육도 변화해야 한다.

전 인류가 큰 변화를 앞두고 있는 이 시대에 부모의 선견지명은 아이의 미래를 완전히 뒤바꿀 수 있을 것이다. 모든 것이 현명한 부모의 손에 달려 있다.

변화하는 시대 우리 아이들 교육은 어떻게 해야 하나?

급변하는 사회 속에서 현재 인기 있고 유망한 직종이 미래에도 그럴 거라는 보장은 어디에도 없다. 때문에 현명한 부모의 안목과 미래를 대비한 자녀 교육이 어느 때보다 중요하다.

앞으로 10년 뒤의 사회는 어떤 직업이 유망할까? 급격하게 변화하는 미래사회에 우리 아이들에게 어떤 교육이 필요할까? 대부분의 부모들이 많이 고민하는 문제이다.

세상은 빠르게 변화하고 있는데 암기식, 주입식 교육으로는 4차 산업혁명 시대를 대비할 수 없을 거라는 생각이 들지만 아이들에게 어떤 교육을 시켜야 되는지 막막해진다. 학교나 정부에서도 교육에 대한 해답을 주지 않아 불안한 마음에 서점에도 가보고 인터넷을 아무리 뒤져도 정답은 없다. 아이가 공부를 잘해도 못해도 불안하다.

인공지능으로 대표되는 4차 산업혁명 시대는 인공지능이 인간의 직업을 대체해 나가는데 아직도 우리나라 교육은 암기교육과 주입식교육으로 학생을 평가하고 이것을 토대로 입학한다.

학교교육이 산업화시대를 벗어나지 못하고 있다. 지금의 교육제도로는 창의성이 요구되고 급속한 기술 발전에 적응하는 미래인재로 키우는 것이 어렵다. 기존의 지식으로는 변화되는 시대에 뒤처질 수밖에 없다.

첨단 정보통신기술이 경제, 사회 전반에 융합되는 4차 산업혁명 시대에 필요한 교육을 해야 한다. 다양한 방면의 독서와 경험을 통해 세상을 넓게 보게 하고 생각하는 힘을 길러주어야 한다. 여러 사람들과 협업이나 봉사, 놀이를 통해 공감과 소통능력을 키워야 한다. 여기에서 창의성이 생겨나고 변화하는 미래를 예측하는 통찰력이 길러진다.

4차 산업혁명 시대의 인재를 키우기 위한 교육혁신이 필요하다. 세계 선진국들은 이미 교육혁명을 통해 4차 산업혁명 시대의 인재로 키우고 있으며 일본도 기존의 주입식 교육에서 서양의 질문하고 토론하는 교육을 받아들였다.

산업화시대의 직업은 학력에 기초하여 만들어져 있어 지금 이시간에도 주입식 암기식 공부에 열중하고 있다. 변화하는 사회에 교육이 먼저 변해야 한다. 앞으로 지식은 BCI(Brain Computer Interface)를 통해 인간의 뇌와 슈퍼컴퓨터가 연결됨으로써 제공된다. 따라서 교사의 역할도 바뀌어야 한다.

4차 산업혁명 시대의
교육과 학교

어느 시대, 어느 국가를 막론하고 지배계층이 가장 중요하게 생각했던 것은 '교육'이다. 대한민국도 교육을 통해 부와 권력을 대물림 해왔다. 우리나라 교육은 개개인의 역량을 키우는 공부가 아닌 대학입시에 맞추는 교육을 하였다.

초연결, 초지능으로 대표되는 4차 산업혁명 시대의 교육 목표는 미래경쟁력을 갖춘 인재양성이다. 4차 산업혁명 시대의 인재상은 산업화시대의 인재상과는 다르다. 산업화시대의 교육은 지식을 많이 주입하여 암기하는 지식정보의 양으로 인재를 판별하였다.

인공지능인 핵심인 4차 산업혁명 시대는 지식의 양이 아니라 복잡한 사회문제를 잘 해결할 수 있고 급격한 사회변화에 적응할 수 있는 인재를 키우는 것이다.

막대한 지식이 내장되어 있고 계속되는 업데이터로 세계의 모든 자료와 지식을 가진 인공지능을 인간은 지식의 양으로는 경쟁이 되지 않는다. 4차 산업 시대에 살아남을 인재로 키우기 위해서는 학교가 기존의 교육방식을 혁신적으로 바꾸어야 한다.

인공지능이 가지지 못한 공감과 창의성을 길러 주고 문제해결하기 위해 협업과 소통 능력을 키우는 교육을 해야 되는데 우리의 교육시스템으로는 어려운 실정이다.

미래사회가 요구하는 인재를 양성하기 위해 교육이 바뀌어야 한다. 국영수의 성적으로 평가하고 그것을 토대로 입학하고 예전 세대와 비슷한 교육을 받는다면 인공지능에 머지않아 대부분 대체될 것이다.

4차 산업혁명 시대의 학교의 교육은 주입 암기식이 아닌 유연하고 창의적인 사고능력을 길러주고, 생각하는 힘과 문제해결 능력을 기르고 서로 협업할 줄 아는 소통형 인재로 교육하여야 한다. 또한 급격하게 발전하는 기술 사회에 적응하기 위한 코딩 같은 디지털 교육을 강화해야 한다.

4차 산업혁명 시대의 필요한 이상적인 교육을 하고 있는 학교들의 실제 사례를 살펴보자.

미네르바 대학(Minerva School)

코로나19로 인하여 바뀐 것 중의 하나가 비대면이다. 교육도 온라인으로 강의를 듣는 것이 일반화되었는데 비대면으로 주목받고 있는 미국의 미네르바 대학이 있다. 캘리포니아 주 샌프란시스코에 본부를 둔 미네르바 대학은 기존의 대학과 여러 면에서 다르다.

캠퍼스나 강의실이 따로 없다. 온라인 대학이라 할 수 있으나 기존의 온라인 대학들과는 다르다. 학생들은 기숙사에서 함께 생활하고 배운 것을 실생활에서 활용하고 적용하는 등 현장학습을 한다. 온라인과 오프라인을 적절하게 뒤섞어 놓은 새로운 패러다임의 정규대학이다.

입학정원이나 제한은 없지만 하버드나 스텐포드보다 더 입학하기 어려운 합격률이 2%도 채 안 되는 대학이다. 벤처 사업가인 벤 낼슨이 설립하였고 실리콘밸리의 '벤치마크 캐피털'에서 투자를 받았다. 미네르바 대학은 2011년 설립되었고 2014년부터 학생을 받기 시작하였다. 미네르바 대학은 세계 7곳에 기숙사를 두고 있으며 학교시설은 기숙사가 전부다.

기숙사는 샌프란시스코, 서울, 인도의 하이데라바드, 베를린, 부에노스아이레스, 런던, 타이베이에 있다. 처음 1년은 샌프란시스코에서 보내고 다음 3년은 여섯 도시를 옮겨 다니며 생활한다. 각각의 도시에는 모두 미네르바 스쿨이 운영하는 기숙사가 있다.

미네르바대학이 미국의 다른 대학들과 차별점은 상대적으로 저렴한 등록금과 수업료이다. 아이비리그 대학에 비해 1/3 정도의 학비가 들며, 입학지원서에 어떤 표준화된 시험점수와 봉사 및 과외활동을 기록하게 하지 않는다. 대신 자체적으로 제작한 테스트를 실시하고 있다.

여기에 정답은 없다. 각자의 잠재력과 적성을 테스트하기 위한 용도이다. 수험생들은 읽기, 쓰기, 수학적 능력을 측정하는 인지능력 테스트를 실시 한 후 자기소개서인 에세이를 작성해서 제출한다. 자신이 과거에 무엇을 했는지 쓰면 된다.

학교는 별도의 심사를 거쳐 원하는 인재를 뽑는다. 밝고 자기주도적이고 호기심이 많은 학생, 조별 과제가 많기 때문에 협업을 잘할 수 있는 학생을 주로 선발한다.

미네르바대학의 교과과정은 단순한 편이다. 사회과학과, 계산과학과, 자연과학과, 예술인문학과, 비즈니스과가 있다. 미네르바대학은 모든 수업을 온라인으로 한다. 어느 도시에 있든 학생들은 모든 수업을 컴퓨터 앞에서 듣는다.

수업은 온라인 세미나 형식으로 수업이 진행되기에 교수와 학생이 직접 만날 일은 없다. 강의는 자체 개발한 플랫폼인 '포럼'을 통해 진행되며 20명 이하 학생들이 참여한다. 교수와 학생은 실시간 토론하며 퀴즈 등을 통해 서로의 의견을 교환한다.

모든 시험과 과제는 오픈북 형태로 이뤄진다.

오프라인 기숙사에서 함께 생활하는 학생들은 동아리 활동 등을 통해 유대감을 형성하고 현장에서 다양한 프로젝트를 수행하기도 한다. 미네르바 스쿨 홈페이지에는 '끈끈한 동료애로 뭉친 동급생과 함께 세계를 여행하면서 매주 과제를 수행하고 흥미와 활동에 기반을 둔 그룹을 조직 한다'고 안내되어 있고 '새로운 장소를 함께 탐험하면서 영원한 우정과 집단 정체성을 형성하게 된다'고도 소개되어 있다.

단점은 모든 것이 온라인에서 이루어지기 때문에 교수와 다소 거리감이 느껴지고 해외에 거주하는 학생들은 시차에 어려움이 있다고 하며 학생들 간의 상호 교류가 부족하다고 느껴 매년 3월 미네르바 여신을 기리기 위한 축제를 개최하고 있다.

미네르바 대학 홈페이지

미네르바 대학 교육은 학생들에게 불확실하고 급변하는 미래를 살아갈 수 있는 힘을 주는 교육을 생각하는 법과 적응하는 법을 가르치고, 한 가지를 통달하는 것보다 보다 넓게 볼 수 있게 하고, 리더십이 무엇인지 혁신이 무엇이지 이해하게 만드는 교육을 하고 있다고 한다.

이렇게 미네르바 대학은 모든 것이 4차 산업혁명 시대를 향해 있다. 교육과정이 철저하게 인공지능 시대의 리더를 기르는 데 맞춰져 있다. 미네르바 대학이 4년 동안 세계의 7개 도시의 기숙사에서 생활하게 하는데 학생들은 이 도시들에 거주하면서 현지 문화와 산업을 배울 수 있다.

이런 경험을 통해서 자신도 모르게 서로 다른 문화를 가진 사회들을 연결하는 능력을 갖게 되는데, 이 문화 연결 능력이 인공지능은 절대 가질 수 없는 인간 고유의 능력인 공감, 소통, 창조적인 생각을 길러줄 수 있다고 생각하기 때문이다.

에꼴42

프랑스 파리에 위치한 에꼴42는 2013년 이동통신사를 경영하는 자비에르 니엘 회장이 4차 산업혁명에 대비하여 설립하였다. 인공지능시대에 필요한 소프트웨어 IT 전문인력을 양성하기 위한 에꼴42는 강사, 교재, 학비가 없는 3無인 교육 기관이다. 100% 무상교육을 실시하며 IT 기본교육을 이수한 18~30세 이면 누구나 지원이 가능하다. 전공, 경력, 국적을 묻지 않고 입학이 가능하다.

선발과정은 1차는 논리와 추론 능력 테스트이고 2차는 매일 주어지는 프로젝트를 코딩(coding)을 통해 풀어야 한다. 컴퓨터가 가득한 방에서 학생들은 먹고 자며 문제를 풀고 시간이 지날수록 해결해야 할 프로젝트의 난이도는 높아지며 동료들끼리의 협업과 상호평가를 통해 해답을 찾아가야 한다.

자발적으로 학생들은 필요한 정보를 직접 찾고 동료와 협업해 코딩 프로젝트를 해결해 나가야 한다. 정해진 답이 없기 때문에 동료평가에 의해 합격과 프로젝트 성취도가 결정되고 코딩 천재도 동료평가가 나쁠 경우 불합격된다.

이 과정을 성공적으로 통과한 학생은 본 과정을 이수하게 된다. 이 교육의 특징으로는 협력을 통한 프로젝트 추진, 게임을 통한 학습, 수준별 자율학습으로 42단계 과정을 거쳐야 한다. 졸업생 취업률은 100%를 자랑하며 IT 분야에서 두각을 나타내고 있다고 한다.

에꼴42는 IT 미래인재도 팀워크를 잘하는 창조적인 인재를 필요로 한다. 전문적인 지식과 기술이 가장 중요해 보였던 분야에서 조차 이제는 협동심과 소통방식, 창조력이 우선순위가 되었다. 학위나 자격증은 더 이상 새로운 미래 직업세계의 필수조건이 아니다.

한국에도 에꼴42와 유사한 프로그램으로 서울42가 있다. 서울 42는 이노베이션 아카데미재단에서 소프트웨어 교육을 위한 프로그램으로 급변하는 시장에서 소프트웨어 전문가를 빠른 시간에 배출하도록 맞춤형 교육을 한다.

서울42도 획일화된 교재, 강사가 없다. 전액 국비 지원으로 학생들은 학비를 내지 않아도 된다. 에꼴42와 마찬가지로 전공, 경력, 국적을 묻지 않고 입학이 가능하고 2년 과정으로 학위는 주지 않는다. 에꼴42와 같은 프로그램으로 진행하나 우리나라 상황에 맞춰서 몇 가지 변화를 주었다.

에꼴42는 100% 민간에서 투자하였고 우리나라는 정부에서 주도하여 정부 지원금으로 장학금을 지원한다. 현장에서 바로 쓸 수 있는 교육을 하며 학업이 시작되면 방학이 없고 직장이나 학교와 병행이 불가능하다.

교육내용은 인공지능, 빅데이터 등 IT기업이 필요로 하는 내용으로 구성되어 있다.

싱귤래리티 대학교(Singularity University)

'특이점이 온다'의 저자 레이 커즈와일과 히터 디아맨디즈가 2008년 설립했으며 구글과 NASA가 후원해서 세워진 대학교이다. 싱귤래리티(특이점)는 기술의 발전에 따라 기계지능이 인간의 지능을 넘어서는 시점을 의미한다. 그 시기는 2030~45년으로 예상한다.

특이점이 오기 전 "10년 안에 10억 명의 사람들에게 혜택을 줄 수 있는 기업을 만들자"는 모토를 가지고 설립된 학교이다. "내가 지금 대학생이라면 어떤 곳도 아닌 싱귤래리티 대학교에서 공부했을 것이다" 구글 창업자인 세르게이 브린이 한 말이다.

4년제 정식학위 대학이 아니라 10주 코스의 창업대학이다. 대학이란 이름을 갖고 있지만 별도의 석·박사 학위는 주지 않는다. 서머스쿨(summer school)로 불리는 10주간의 단기 코스 과정이다. 하지만 미래학, 인공지능과 로봇, 유전공학, 나노기술, 에너지, 우주공학 등 세계 최고의 전문가들이 교수진이다.

첨단 과학기술과 창업을 집중 교육한다. 싱귤래리티 대학교는 첨단과학 기술의 융합을 통해 미래사회를 대비하고 빠르게 발전하는 기술을 사업화하는 벤처 창업자를 길러내는 것이 대학 목표이다.

민족사관 고등학교

강원도 횡성에 위치해 있으며 우리나라 대표적인 자율형 사립 고등학교이다. 파스퇴르 유업 창업주인 최명재 회장이 설립하여 1996.3.1. 개교하였다. 민사고의 교육 목표는 민족 주체성 교육을 통한 지도자 육성과 학문을 위한 공부와 소질과 적성에 맞는 진로선택이다.

소수정예로 한 학년 선발인원은 165명 이내로 제한하기 때문에 전교생은 450여명 정도이다. 매학기 개설되는 수업은 약 250개에 이르며 학생들은 계열이나 학년에 상관없이 자신이 원하는 과목을 선택해 스스로 수업 시간표를 짠다. 필수과목을 제외한 수업 당 수강 인원은 5~7명 정도이다.

민사고는 교무실과 교실이 따로 없고 교사 개인 연구실이 있는데 수업은 교실이 아닌 교사 연구실에서 한다. 민사고의 교사들도 다양한 교육과정을 이수하고 학문적 경험이 풍부한 다양한 직업군에 종사했던 능력 있는 교사들이 포진하고 있어 다양한 과목들이 개설되어 있고 학생의 능력과 관심도에 따라 심도 있는 수업을 받을 수 있다.

민사고는 세계적인 인재를 양성하기 위해 일반고와 다른 차별화된 교육을 한다. 교사와 학생의 비율이 1대7을 넘지 않고, 국어와 국사를 제외한 모든 수업에서 영어를 사용해 글로벌 인재를 양성한다. 100여개에 달하는 동아리도 운영하며 다양한 체험학습과 봉사

활동으로 인성을 함양하는 데 중점을 둔다.

민사고는 민족주체성 교육을 추구하며 생활면에서는 한옥건물에서 한복을 입고 100% 기숙사 생활을 한다. 2년 안에 교육과정을 이수하여 조기졸업할 수 있는 제도를 시행하고 있다. 민사고 교육은 다양성과 융합형 인재를 양성하는 데 있다.

다양한 방면의 독서교육과 개별화되고 심화된 융합 수업을 이수하고 융합 프로젝트를 진행한다. 무학년 무계열 융합교육 과정으로 소질과 적성에 따라 다양한 과목을 선택할 수 있다.

민족사관 고등학교 교정과 기숙사

4차 산업혁명 시대에 발전할 기술은 무엇인가?

A : 인공지능(AI)

B : 블록체인(Blockchain), 빅데이터(Big data), 바이오관련기술(Biotech)

C : 클라우드컴퓨팅(Cloud Computing)

D : 데이터 사이언스(Data Science)

E : 모든 기기의 컴퓨터화(Edge Computing)

N : 나노기술(Nano)

R : 로봇(Robot)

I : 만물인터넷(IOE Internet of Everything)

S : Software 관련 기술, 센서솔루션 관련 기술

U : 공유기술(Uber 등)

이러한 기술이 발전하기 위해서는 해양, 항공우주, 환경 등 거대과학, 기초과학과 여러 산업의 융복합 등이 함께 하여야만 한다.

인공지능
(AI)

 나노기술
(Nano)

 블록체인(Blockchain),
빅데이터(Big data),
바이오 관련 기술(Biotech)

 로봇
(Robot)

 클라우드 컴퓨팅
(Cloud Computing)

 만물인터넷
(IOE, Internet of Everything)

 데이터 사이언스
(Data Science)

 소프트웨어(Software)
관련 기술,
센서솔루션 관련 기술

 모든 기기의 컴퓨터화
(Edge Computing)

 공유기술
(Uber 등)

인공지능 로봇은 인간이 하는 일의
일부를 대신할 뿐

인공지능 로봇이 인간의 노동을 대체할 것인가라는 질문으로 돌아오면 근본적인 문제를 제기할 수 있다. 인공지능이 심리상담 등 인간의 고도 업무를 대신하기 위해서는 인간의 지능을 닮아야 한다. 문제는 인간의 지능이 무엇인가라는 질문이다. 의식을 의미하는지, 심리를 의미하는지, 논리적 추론을 의미하는지도 모를 뿐더러 무엇보다도 이 질문은 인간 자아에 대한 철학적 질문이다. 인간 자아가 무엇인지 명확히 규명되지 못하면 인간을 대신할 인공지능 개발은 요원할 뿐이다. 이 점에서 인공지능은 인간이 수행하는 일 중 일부를 대신할 수 있지만 노동 그 자체를 대신하기 어렵다고 볼 수 있다.

지금까지의 기술발전 경과를 볼 때 미래사회는 우리가 상상하기 불가능할 정도로 변해갈 것이다. 미래를 주도적으로 살아가기 위해서 미래를 스스로 준비하고 만들어가야 한다. 미래에 펼쳐질 세계를 미리 예상하고 남보다 한발 앞서 준비한다면 미래에 필요한 인재로 성장할 수 있을 것이다. 우리나라 학생들이 과학기술에 대한 흥미와 꿈을 가지고 성장하여 미래에는 우리나라에서도 스티브 잡스, 빌 게이츠와 일론 머스크 같은 창의적인 사업가 및 과학자가 나오길 기대한다.

미래 직업이 요구하는 능력은 무엇인가?

컴퓨터와 인터넷으로 정보통신 사회를 이룩했던 3차 산업혁명 시대에는 소수의 천재가 세상을 이끌어갔다. 그러나 인공지능이 천재의 역할을 대신하는 4차 산업혁명 시대에는 정보통신 기술이 경제·사회 전반에 융합되어 혁신적인 변화가 일어난다.

4차 산업혁명 시대는 인공지능이 물과 공기처럼 모든 분야에 활용된다. 인공지능은 막대한 지식을 축적하고 있으며 24시간 365일 먹지도, 자지도 않고 계속 지능을 높여간다. 인간은 세계의 모든 자료와 정보를 익히는 인공지능을 지식의 양으로 이길 수 없다. 따라서 4차 산업혁명 시대에는 인공지능이 갖지 않은 능력을 키워야 인공지능에 대체되지 않는 즉 공감과 소통능력이 뛰어나며 창의성을 가진 융합형 인재가 필요하다. 융합형 인재는 급격한 사회 변화에 잘 적응하며 복잡한 사회 문제를 해결할 수 있다.

그렇다면 어떻게 융합형 인재가 될까? 자기주도 학습, 다양한 분야의 경험과 독서, 협업과 놀이를 바탕으로 한 타인과의 공감이 그 핵심이다. 이 과정에서 생각하는 힘과 미래를 예측하는 창의성이 생겨나기 때문이다. 또한 빅데이터, 코딩 교육 등 실질적인 디지털 교육도 필요하다. 디지털 교육을 복잡하고 어렵게 생각할 필요는 없다. 인공지능 시대를 살아가기 위해 필요한 디지털 문해력 즉 컴퓨터와 IT 기술 이해 및 활용 능력 정도면 충분하다. 앞으로의 세상은 인공지능과 로봇, 컴퓨터와 함께 살아가야 하기에.

더불어 자신만의 기술과 전문성이 있어야 한다. 이 세부 내용은 개인의 성향과 관심, 흥미 분야에 따라 달라진다. 이러한 전문성을 바탕으로 여러 분야를 융합하며 다양한 사람과 소통하는 능력을 갖춰야 인공지능으로 대체되지 않는, 미래에 필요한 창의 인재가 된다. 단언컨대 미래는 주어지는 것이 아니라 스스로 준비하고 만들어가는 것이다.

미래의 주역을 기르는 부모에게

사회 변동 속도를 살펴보면 지금 인기 있고 유망한 직종이 미래에도 그러리라고 장담하기 어렵다. 때문에 부모는 멀리 보는 눈을 가져야 하며 미래에 대비해 자녀를 교육해야 한다. 안타깝게도 우리나라의 교육은 아직도 산업화 시대를 벗어나지 못하고 있다. 국영수 위주의 주입식 암기 교육으로 학생을 평가하고, 개인의 역량을 키우는 공부보다 대학 입시에 맞춘 교육이 여전히 주를 이룬다. 이러한 교육으로는 급속한 기술 발전에 적응하며 창의성으로 문제를 해결하는 미래 인재를 키우기 어렵다. 사회가 변하는 만큼 교육도 획기적으로 달라져야 한다.

융합·초지능·초연결 시대인 4차 산업혁명 시대에 필요한 교육은 세상을 넓고 크게 보도록 생각을 키워 주는 교육이다. 이러한 교육은 학교 교육으로만 완성되지 않으며 부모의 역할과 사회 분위기도 중요하다. 또한 여러 사람과의 협업, 봉사나 놀이로 공감하며 협력하는 능력을 키워 주는 교육도 중요하다. 수많은 정보와 기술이 적재적소에 배치되어 융합하면서 시너지를 내는 4차 산업혁명 시대에는 혼자 일하는 사람보다 협력하는 사람의 발전 가능성이 훨씬 높다. 이러한 교육이 일상생활에서 이루어질 때 창의성이 자라며,

아이는 변화하는 미래를 예측하는 통찰력을 갖는다.

　현명한 부모는 멀리 보는 안목을 가지고 자녀가 나아갈 길을 보여 주는 부모다. 즉 예전과 다른 시대의 흐름과 사회의 변화, 그에 따른 직업 세계와 교육의 변화를 유연하게 받아들이고 부모가 미래를 내다보고 교육한다면 아이는 미래를 두려워하지 않는다.

02

인공지능

인공지능이란?

인공지능이 모든 것을 할 수 있는 4차 산업혁명 시대에 인간은 무엇을 해야 할까?

챗GPT의 등장으로 생성형 인공지능이 새로운 화두로 대두되기 시작했다. 생성형 인공지능으로부터 질문 형식과 방법에 따라 너무나도 다른 답을 얻을 수 있고 같은 단어들 순서만 바꿔도 대답이 달라지기도 한다. 그렇다면 원하는 답을 얻을 수 있도록 질문을 만들어내는 능력이 가장 중요하지 않을까?

미국에는 프롬프트 엔지니어라는 새로운 직업이 등장했고 이미 수억 원의 연봉을 받는 유망한 직업이다. 앞으로 유능한 대한민국 아이들을 인공지능을 통제할 수 있는 능력을 키워주어야 한다.

4차 산업혁명 시대는 인공지능이 핵심이다.
인공지능이 물처럼 공기처럼 모든 분야에 활용되는 세상이다.

컴퓨터가 인간의 지능적인 행동을 모방할 수 있도록 하는 것을 인공지능이라 한다. 인공지능은 사람처럼 생각하고 말할 수 있는 고성능 컴퓨터이다. 인공지능은 빅데이터를 기반으로 하여 새로운 결론을 내릴 수 있다.

인공지능 기술은 4차 산업 기술 분야에 모두 적용이 가능하고 여러 분야에서 인공지능을 도입하여 활용하고 있다.

미국의 빌게이츠와 구글, 애플, 페이스북 등의 회사들은 이미 오래전부터 인공지능을 주목하기 시작했다. 빌게이츠는 미국 전역의 대학을 순회하면서 "인류의 미래 문명은 인공지능이 될 것이다. 내가 만일 대학생이라면 다른 무엇보다 인공지능을 공부하고 사회에 진출한다면 인공지능, 에너지, 바이오 등 분야에 취업하고 싶다"고 했다.

오늘날 인공지능은 더 많은 양의 데이터와 보다 빠른 처리능력, 더 강력한 알고리즘이 결합되어 더욱 널리 보급되고 있다. 실제로 인공지능 기술이 거의 모든 산업에 도입되기 시작하면서 컴퓨터가 전례없는 방법으로 말하고, 보고, 듣고, 의사결정을 내릴 수 있게 되었다.

인공지능이 서비스하는 시대가 온 것이다. 다양한 에플리케이션(Application)의 확산으로 인공지능이 우리에게 더 가까이 다가왔다.

구글의 챗봇 Bard가 소개하는 저자

저자는 한국과학기술기획평가원에서 30여 년 간 근무한 미래학자이자 경영학 박사입니다. 그는 10대들의 진로 탐색 및 설계를 지원하는 활동을 하고 있으며 다수의 학교와 단체에서 강의를 하고 있습니다. 그의 책으로는 '4차 산업혁명시대의 유망기술과 우리 아이 미래직업', '4차 산업혁명 시대의 핵심기술과 미래직업' 등이 있습니다.

저자는 4차 산업혁명시대가 가져올 변화와 미래에 필요한 인재에 대해 연구하고 강연하고 있습니다. 그는 4차 산업혁명 시대에는 창의성과 융합적 사고, 문제 해결 능력이 중요한 핵심 역량이라고 주장합니다. 또한, 그는 10대들이 미래를 준비하기 위해서는 코딩과 인공지능에 대한 이해를 높이는 것이 중요하다고 말합니다.

저자의 저서들은 청소년들 사이에서 큰 인기를 끌고 있습니다. 그의 책들은 4차 산업혁명 시대에 대한 이해를 높이고 미래를 준비하는 데 도움이 된다는 평가를 받고 있습니다.

인공지능이
세상을 움직이기 시작했다.

인공지능은 빅데이터(수치, 문자, 영상)를 기반으로 스스로 공부해서 지능을 높여왔다. 전 세계의 정보를 갖고 있는 인공지능은 계속되는 학습을 통해 새로운 정보를 갖게 되고 이런 정보를 분석해서 판단한다.

인공지능은 24시간 먹지도 자지도 않고 공부한다. 인간의 지능을 훌쩍 뛰어넘은 인공지능은 지능능력으로는 이제 인간과는 경쟁이 되지 않는다. 우리나라는 2016년 이세돌과 인공지능 '알파고'의 바둑대전으로 인공지능시대의 시작을 알렸다.

인공지능컴퓨터는 대량의 데이터를 저장하고 초고속으로 연산을 수행하는 뛰어난 성능으로 거의 모든 산업, 과학, 의료, 운송, 연구, 교육, 기획, 소셜 미디어, 디지털 플레이스, 금융, 건강 등등의 셀 수 없을 정도의 분야에서 핵심적 역할을 담당하고 있다.

인공지능의 연구는 지난 수십 년 동안 많은 성장을 해오고 있다. 이러한 인공지능의 발전에도 불구하고 컴퓨터와 인간의 두뇌 사이에는 아직도 큰 격차가 있다. 즉, 인간이 느끼는 시각이나 음성 등의 인식, 기쁨이나 슬픔과 같은 감정, 창의적인 사고 등의 측면에는 인공지능이 못 따라오고 있다.

인공지능으로 변화되는 직업의 미래

자동차도 인공지능로봇이 운전하면 택시기사가 없어질 것이고, 의사도 실력 좋은 로봇의사에 의해 일자리가 줄어들 것이다.

인공지능 로봇은 세계적인 명화들도 그릴 수 있고 음악 분야에서도 인간을 대신하여 교향악을 연주할 수 있다. 예술가도 안전 영역이 아니다.

또한 운송업, 운수업, 항공, 우주탐사, 생산업체들, 방송국의 아나운서까지 모든 직업들을 180도 바꾸어 놓을 것으로 예측된다. 전쟁도 군인들 대신 로봇들이 싸우게 될 것이다.

인공지능에서 승기를 잡는 국가가 세계를 장악하게 될 것이라는 예측도 있어서 선진국 간의 경쟁이 매우 치열해지고 있다.

타계한 스티븐 호킹은 인공지능이 인간의 지능을 뛰어넘는 순간 인류는 멸망할 것이라고 말한 것도 더 이상 놀라운 일이 아니다.

인공지능 활용분야

인공지능은 우리 주위에 많이 활용되고 있다. 인공지능 챗봇, KT

'기가지니', SK텔레콤의 '누구', 삼성 스마트폰 '빅스비' 등이 있다. 자율주행차도 인공지능기술이 적용되어야 운행이 가능해진다.

가천 길병원의 인공지능 의사 '왓슨', 골드만삭스의 인공지능 펀드 메니져 '켄쇼', 인공지능 변호사 '로스', 카카오 '뉴스봇' 등이 있다.

인공지능을 활용하면 개개인의 맞춤교육이 가능해진다. 인공지능은 전 세계의 수많은 데이터를 활용하여 학습자 분석을 하여 어느 부분이 부족하고 더 공부해야 하는지 알려주기 때문이다. 마찬가지로 환자 맞춤형 치료도 가능해진다.

인공지능은 데이터를 분석하고 예측하여 빠른 시간 안에 신약개발도 할 수 있고 바이러스 예방백신, 치료약을 보다 빨리 개발할 수 있다.

이렇듯 인공지능은 생산성을 향상시키고 사회문제를 해결하는 데 도움을 주고 있다.

알파고와 왓슨은 시작에 불과하다

인공지능 '왓슨'은 사람의 인지능력을 모사한 컴퓨터이다. 2016년 인공지능 알파고는 이세돌의 바둑 대결로 유명해졌다. 알파고는 계산 능력이 최적화된 초기 형태의 인공지능이라고 할 수 있다.

인공지능은 의사, 변호사 등의 전문적 지식이 요구되는 곳에 보조로 활용될 수 있고 방대한 양의 정보를 학습하고 분석하여 현실의 복잡한 문제를 해결하는 데 사용할 수 있다.

인공지능컴퓨터는 데이터를 얻을 수 있는 거의 전 산업 분야에 적용될 수 있어 4차 산업혁명의 핵심기술로 손꼽힌다.

세계 인구 중 적지 않은 수가 기아에 허덕이고 있다. 세계적으로 식량 생산은 늘고 있는데도 기아 문제는 해결되지 않고 있다. 이런 일이 벌어지는 이유 중 하나는 자연재해이고 돌발사태가 발생하면서 지역 곳곳에서 기아 사태가 발생하고 있다. 이런 상황에서 기아와 싸우고 있는 국제기구들은 새로운 전략을 도입했다. 인공지능AI을 통해 식량불안을 해소하겠다는 것이다.

그동안 세계 전역을 대상으로 기아발생을 모니터 해왔지만 인공지능을 도입한 후에는 분쟁지역, 자연재해 등에 대해 분석과 예측이 수월해졌고 예측을 통해 새로운 농법을 추천하는 등 기아 발생 가능성에 대비할 수 있는 길이 열렸다.

국가 행정시스템에도 인공지능이 대거 도입되고 있다. 프랑스 에마뉘엘 마크롱(Emmanuel Macron) 대통령은 국가적인 인공지능망을 구축하겠다는 목표를 제시하였고 프랑스뿐 아니라 이런 흐름은 세계적인 현상이다. 인공지능 시스템이 새로운 업종과 직업을 창출하고 정확한 데이터를 통해 정책적 효율에 기여할 것으로 보인다.

IT 전문가들은 오래지 않아 정보 분석력에서 사람의 지능을 넘어서는 인공지능이 세상을 움직일 것이라고 보고 있다. 이런 상황에서 인공지능이 사람의 직업을 빼앗고 있다는 주장이 빗발치고 있다.

향후 인공지능에 가장 취약한 직업군은 제조업과 농업분야다. 이

분야에서 일하던 수많은 사람들은 인공지능 로봇으로 인해 직업을 잃고 새로운 일자리를 준비해야 할 것이다.

인공지능 관련 용어해설

• 알고리즘(algorithm)

어떤 문제를 해결하기 위한 것으로 컴퓨터가 데이터를 처리하기
위한 일련의 과정이다.

• 딥러닝(deep learning)

인공지능 스스로 학습이 가능하게 만든 기술이다. 수많은 데이터
를 인공지능이 스스로 찾아내어 문제해결하는 데 사용한다.

딥러닝은 인공지능 스스로 판단하고 학습한다는 점에서 인간이
가르치지 않아도 스스로 학습하여 미래를 예측할 수 있어 머신러
닝보다 똑똑하다.

딥러닝 기술이 적용되면 사람이 해결하지 못하는 문제를 컴퓨터
가 해결할 수 있다. 그것은 컴퓨터 스스로의 자료 처리능력이 인
간과 비교할 수 없을 만큼 빠르고 뛰어나서이다.

- **딥러닝 적용사례**

딥러닝은 2016년 이세돌 9단과 바둑대결을 펼쳤던 알파고에 적용되었다. 알파고는 스스로 바둑 기보를 보고 바둑 전략을 학습했다. 알파고들끼리 서로 바둑을 두면서 바둑의 원리를 배우고 과거 바둑 경기를 스스로 학습하면서 배워 나간 것이다.

페이스북은 딥러닝 기술을 적용해 '딥 페이스' 라는 얼굴인식 알고리즘을 개발했다. 국내기업인 네이버는 음성인식을 비롯해 뉴스요약, 이미지 분석 등에 딥러닝 기술을 적용하고 있다.

- **머신러닝(machine learning)**

인간이 컴퓨터에게 다양한 정보를 줘서 가르치고 학습하게 한다. 인간이 준 정보들을 기반으로 데이터를 분석하고 예측한다. 딥러닝보다는 하위 기술이다.

- **플랫폼(platform)**

컴퓨터 시스템의 운영체계를 말한다. 예를 들면 MS-DOS 상에서 동작하는 DOS가 플랫폼이며, MS-Window 상에서 동작하는 응용 소프트웨어에서는 MS-Window가 플랫폼이다. 또 어떤 소프트웨어가 제공하는 환경을 플랫폼이라고 한다.

• 애플리케이션(Application)

특정한 업무를 수행하기 위해 개발된 응용 소프트웨어이다. 업무
를 수행할 수 있도록 도와주는 프로그램 또는 기계장치 혹은 컴
퓨터망을 관리하기 위해 사용하는 프로그램이다.

• 코딩(coding)

컴퓨터와 사람의 대화방법이다. 컴퓨터가 이해할 수 있는 말로
프로그램을 만드는 작업이다.

• 인공지능 시대의 대비

앞으로 지식만으론 인공지능을 이길 수 없다. 오히려 인공지능을
다루는 기술을 익혀야 한다. 이를 위해 아이들은 지금부터 놀이
를 통해 인공지능과 친숙해질 필요가 있다.

인공지능을 활용한 놀이를 통해 상황 파악, 규칙, 문제 해결, 의사
결정 등 많은 공부를 할 수 있다. 여행도 마찬가지이다. 스스로
찾아보고 결정하고 준비하면서 문제를 해결하고 공부하는 것이
인공지능 시대를 대비한 진짜 경험이고 공부다.

인공지능 관련된 직업을 갖기 위해서는 인공지능과 관련된 컴퓨
터공학, 전기전자공학, 정보통신공학 등의 전공이 유리하다.

유망직업

• 인공지능 전문가

인공지능 관련 다양한 컴퓨터 소프트웨어를 반드시 다룰 줄 알아
야 한다. 컴퓨터나 정보통신 관련 학문을 전공하면 좋고 컴퓨터
언어에 대한 이해가 필수적이다. 인공지능 분야는 매우 전문적이
고 세밀한 분야이다. 따라서 하나의 문제에 끊임없이 파고 들 수
있는 인내심과 열정이 필요하다.

• 뇌 과학자

최첨단 인공지능의 모델을 인간의 뇌 신경망 구조에서 발견하였
다. 인간의 뇌 신경망을 이용해 만들어진 것이 인공지능 '알파고'
이다. 뇌 신경망을 모사한 인공지능은 이제 스스로 배우고 발명
하여 다른 인공지능을 만들어 내는 수준까지 와 있다.

• 인공지능기술 기획전문가

인공지능기술을 활용하기 위해서는 기술의 발전방향과 활용을

위한 기획이 중요하다. 기술의 이해 및 활용을 위해서는 컴퓨터나 소프트웨어공학 등 이공학 전공자가 유리하다.

• 인공지능 보안전문가

데이터 침해와 해킹 등에 대응한다. 사이버 보안관 역할을 한다. 조직보안에 중요한 역할을 한다.

• 비전(시각)인식 전문가

자율주행 자동차나 로봇 등이 수신호나 차선 등 각종 영상 데이터를 인식하고 해석하기 위한 알고리즘을 개발한다.
4차 산업혁명 시대에는 자율주행 자동차나 로봇의 활용이 대중화될 것이므로 영상 데이터의 중요성도 커질 전망이다. 이에 따라 비전인식 전문가는 꼭 필요한 직군으로 각광받을 것이다.

• 예측수리 인증 엔지니어

인공지능 기술을 활용해 이상 징후가 감지된 설비를 고장 나기 전에 유지 보수해 설비 가동률을 개선한다.

- 오감 제어 전문가

오감을 활용해 가상현실 프로그램을 만들고, 가상공간 사물을 이 질감 없이 조작할 수 있는 기술을 개발한다.

가상현실이 3D를 넘어 사용자를 위한 맞춤형 수준으로 발전하려 면 인공지능의 역할 및 이를 제어하고 조작·수행할 전문가가 필 요하다.

- 인공지능설계엔지니어

인공지능기술을 제품서비스 분야에 활용하기 위해서는 서비스 및 제품 분야별로 인공지능활용 가능 분야를 설계할 전문가 역시 꼭 필요하다.

- 인공지능서비스 기획자

인공지능의 '콘텐츠'와 관련된 직업이다. 인공지능 서비스개발 단계에서 사람에 대한 이해, 환경에 대한 정보와 분석 등을 바탕 으로 서비스를 기획한다.

의료 분야를 예로 들면 개인의 건강 관련 정보 중 수집할 항목을 정해 이를 측정하고 정보를 보내서 건강을 증진시키는 서비스를 계획하는 식이다.

• 인공지능 건강관리 전문 코치

모바일 기기를 활용해 사람의 건강관리를 돕는다. 건강을 잘 챙기지 못하는 인간을 위해 첨단기기를 활용한다.

인공지능 헬스케어 기기와 애플리케이션 개발을 위하여 애플과 구글은 인공지능 헬스 앱인 '헬스키트'와 '구글 피트'를 개발했고, 앞으로는 더 많은 애플리케이션 니즈가 생길 것이다.

• 인공지능 원격진료 코디네이터

인공지능을 활용한 원격진료가 활성화되면 이를 위한 진료센터와 코디네이터가 필요하다. 원격진료 코디네이터는 원격 의료기구나 해당 소프트웨어를 작동시켜 원격진료를 돕는 사람을 뜻한다.

• 인공지능 큐레이터

큐레이션은 불필요한 것을 덜어내고 선별과 배치를 통해 사람들이 원하는 것을 가려내는 기술을 말한다.

AI 콘텐츠업계는 요즘 그야말로 '큐레이션 전쟁' 중이다. 페이스북은 생성되는 수많은 데이터 중 폭력적이고 부적절한 게시물을 걸러내고 의미 있는 데이터를 골라내 추천하는 데 한계가 있다고 판단한 것이다.

아마존 역시 큐레이션 분야에서 독보적으로 앞서나가고 있다. 날

마다 새롭게 쏟아지는 정보의 홍수 속에서 사람들은 극도의 피로감을 느끼고 있다. 때문에 수많은 선택지 중 덜어낼 것을 덜어내고 개인에게 딱 맞춘 정보를 찾아주는 큐레이션의 중요성이 커지고 있다.

• 기술 윤리 변호사

현재는 생소한 직업이지만 미래에서는 꼭 필요한 직업이다. 앞으로 로봇과 인공지능이 세계를 뒤덮게 될 것이다.

이때 법적, 윤리적 가이드 라인을 조언하거나 소송을 대행하는 일을 바로 '기술윤리 변호사'들이 맡게 될 것이다. 인공지능과 함께 하는 시대에서 꼭 없어서는 안 될 직업이다.

• 가상현실 공간 디자이너

전문가들이 미래의 유망직업으로 뽑는 가상현실 공간 디자이너. 미래에는 가상공간에서 교육받고 일하는 시대가 오기 때문에 이러한 공간을 디자인하는 일이 필요하다는 것이다. 이 분야에 많은 일자리가 생겨날 것이며 세계 시장에서 가장 흥미롭고 창의적인 직업 중 하나가 될 것이다.

• 날씨 조절 관리자

가뭄, 황사, 미세먼지, 이상기온 등을 해결하기 위해 인공강우를 비롯한 다양한 과학적 방법을 이용해 날씨를 조절하고 관리하는 전문가이다. 우리에게는 생소하지만 지구 온난화와 환경오염 등이 대두되면서 미래 유망직종 중 하나이다.

관리자가 하는 일은 인공강우 기술을 개발하고 실용화할 방안을 연구한다. 환경문제로 발생할 수 있는 문제들에 대해 피해를 최소화하는 방안을 연구한다. 지구 온난화로 인해 발생할 문제에 해결방안을 연구한다. 자연재해 발생 원인을 연구하여 재해 강도나 피해를 줄일 방안을 연구한다.

기상학, 대기 물리학, 대기 역학, 우주 기상학 등을 전공해야 하며 대학원 이상의 전문 지식을 요구한다. 기후 분석을 위해 전문 컴퓨터 장비도 다룰 수 있어야 한다. 주로 기상 연구소나 산업체, 대학의 연구소 등에서 일한다.

• 인공지능(AI) 기술이 확산돼 새로 생길 것으로 전망되는 직업
  - AI를 활용해 기업이 원하는 전문인력 관리 및 소통을 담당하는 전문가
  - AI를 활용해 복잡한 업무 프로세스를 단순화해 업무시간을 단축하는 업무 종사자

- 자율주행차를 이용한 배송, 운동업무 전체를 통제하고 비상사
  태에 대처하는 직종
- AI를 활용하는 새로운 환경 변화에 사람들이 적응하는 것을 도
  와주는 직업

03

로 봇

다양한 로봇과
활용분야

코로나19로 우리 생활에 다양한 변화가 나타나고 있다.

비대면 서비스의 필요성이 커졌고 산업 전반에서 로봇에 대한 관심이 급증하고 있다.

로봇은 인공지능, 빅데이터, 사물인터넷 등과 함께 4차 산업혁명을 이끄는 핵심 키워드다.

로봇은 복잡한 임무를 스스로 수행할 수 있는 기계로 대개 컴퓨터로 제어되며 어떤 작업이나 조작을 자동으로 할 수 있는 기계 장치이다.

로봇은 인간의 모습을 가지도록 만들어질 수 있지만 대부분의 로봇은 모습과 상관없이 작업을 수행하도록 설계된다.

로봇은 인간이 갈 수 없는 장소에서도 작업이 가능하기 때문에 우주 공간에서의 작업과 우주 탐험에 이상적이라고 할 수 있다. 로봇은 지구를 돌고 있는 인공위성을 수리하거나 유지하는 데에도 사용된다. 우주 탐험에서 로봇은 보이저호와 같이 먼 천체까지 비행하여 탐사와 발견을 수행할 수 있다. 관찰한 데이터를 수집하여 지구로 보내거나 표본을 획득한 뒤 분석할 수도 있고 스스로 간단한

결정을 내릴 수도 있어 로봇에 대한 의존도는 증가하고 있다.

로봇은 인간이 할 수 없는 위험한 작업을 대신하거나 극한 상황에서도 작업할 수가 있다. 예를 들면 방사성 물질이나 유독 화학 물질을 취급할 때 로봇은 방호복을 입지 않고도 작업하는 것이 가능하다. 폭발물의 수색하거나 우주 공간에서 작업하는 등 인간의 생명을 위협할 수 있는 환경에서도 로봇을 사용할 수 있다.

로봇은 가정에서 인간의 가사를 돕는 역할을 수행하기도 한다. 또 육체적으로 장애가 있는 사람들을 돌보는 일에도 이용할 수 있다. 간호보조로봇은 장애가 있거나 고령인 사람들이 가족들의 도움을 받지 않고 혼자서 생활하도록 도와준다.

• 배송로봇

로봇업계에서 주문한 물품이 고객에게 직접 배송되기 바로 직전의 거리인 '라스트 마일 배송'은 20여 년 전부터 유망 분야로 꼽혀 왔다. 그러나 상용화되기까지는 해결돼야 할 두 가지 기술적 과제가 있었다.

'통신'과 '인식'이 그것이다. 5G 시대가 열리면서 통신 문제가 해결되었고 또한 인공지능의 발전으로 로봇이 스스로 판단하는 인식을 갖게 되면서 로봇배송이 가능해지게 되었다.

배송로봇은 라스트마일(최종 배송 구간) 배송을 자동화하는 데 해결사 역할을 한다. 미국의 아마존은 로봇배달서비스를 시범적으로 운영하고 있는데, 이는 매출 증대나 비용 절감보다 로봇에 의한 홍보효과가 크다.

페덱스도 자율주행 로봇을 통해 라스트마일 전쟁에 뛰어들었고 국내에서는 '배달의 민족'이 배달로봇을 운영하고 있다.

'배달의 민족' 배달로봇

• 재활용분리수거로봇

자판기처럼 생긴 기기에 캔이나 페트병을 넣으면 기기가 알아서 내용물을 인식한 뒤 분류한다. 이후 개수에 따라 포인트를 지급하고, 포인트가 2000원 이상 쌓이면 현금으로 바꿔준다.

우리나라에서 전국적으로 약 160개가 설치되었다. 유럽·미국의 사례를 참고해 재활용품 보상시스템을 자동화한 사업을 구상하기 시작했고 재활용품을 투입하면 카메라가 자동으로 내용물을 인식하고, 분류한 뒤 알아서 환급금으로 돌려주는 기기를 제작했다. 모양새는 일부러 자판기와 비슷하게 만들었다. 일명 '쓰레기로봇'으로 불리는 로봇은 그렇게 완성됐다. AI 재활용로봇은 전 세계에서 우리나라가 유일하다.

재활용품무인회수기
출처: 영등포구청 홈페이지

• 4족 보행 로봇

4족 보행 로봇은 필요한 모든 분야에서 사용될 수 있다. 특히 각종 물품의 운반·배송 작업과 보안·감시·정찰·검사·청소 등은 4족 보행 로봇이 투입될 가능성이 높은 업무들이다. 4족 보행 로봇의 가장 큰 장점은 지형 접근성이다.

• 감염병 진단검사 로봇

"코로나가 로봇 시대를 열었다"는 평가가 나오고 있다. 한국도 원격으로 검체를 채취할 수 있는 로봇 기술을 개발하였다. 이집트에서는 코로나19 진단검사에 휴머노이드 로봇을 활용했다. 인도의 한 병원은 휴머노이드 로봇으로 환자의 체온을 측정하고 있다. 태국의 일부 병원들도 환자의 체온을 측정하는 바퀴 달린 로봇이 다니고 있다. 발열 환자를 선별해 의료진과의 접촉을 최소화한다는 취지다. 의료 분야에서는 서비스 로봇이 상당한 수준에 도달했다.

• 서비스로봇

중국 상하이의 한 식당에선 음식 서빙 로봇이, 독일의 한 마트에선 고객 응대 로봇이 사용되고 있다.
식당에서 음식을 주문하면 서비스 로봇이 주문 음식을 좌석까지

배달한다. 인천국제공항에서는 안내하는 서비스 로봇을 만날 수 있다. 각 가정에서 사용하고 있는 보편화된 로봇이 청소 로봇이다. 음식 배달 로봇이나 화물을 운반하는 로봇, 커피를 만드는 로봇, 피자를 만드는 로봇 등 서비스 로봇이 다양해지고 있다. 우리나라도 자율주행 기능을 갖춘 서비스 로봇이 병원과 식당 등에 도입됐다.

과거의 로봇은 주로 산업용으로 주로 사용되었으나, IT기술과 인공지능 기술 등의 발달로, 그 범위는 가정, 복지, 교육, 오락, 의료, 환경 등 점차 그 범위가 더욱 확대될 것이다.

• 건설보조로봇

노동 집약적인 건설업계에 '로봇'이 속속 등장하고 있다. 로봇들은 공사현장은 물론 아파트관리에도 도입되고 있다.

로봇은 현장 근로자들의 일을 보조하는 한편, 대신하는 역할까지 한다. 현장에서 위험을 줄이거나 현장 상황을 정밀하게 점검하는 데 투입된다.

• 입주지원서비스로봇

아파트·오피스 등에서 입주 고객들에게 서비스를 제공하는 로봇이다. 실내 배달로봇 서비스는 공동현관까지 배달된 음식을 로봇에 전달하면, 자율주행기능을 통해 주문 세대로 전달해 준다.

국내 건설회사는 커뮤니티시설 안내와 예약 등을 도와주는 로봇을 도입할 계획이다. 로봇은 자율주행과 음성인식 등의 인공지능(AI)이 내장되었으며 커뮤니티시설 내부를 돌아다니며 시설 안내와 예약을 지원할 것이라고 한다. 커뮤니티 로봇은 다양한 서비스를 제공하고 입주민들의 커뮤니티시설 이용을 돕고 가벼운 짐도 나를 수 있다.

• 웨어러블 로봇

웨어러블 로봇은 옷처럼 입을 수 있는 로봇을 말한다. 로봇 팔이나 다리 등을 사람에게 장착해 근력을 높여주는 장치로 로봇을 입는다는 의미로 웨어러블 로봇이라고 한다. 영화에서나 볼 수 있었던 로봇을 경험할 수 있는 시대가 되었다.

2019년 하버드대와 중앙대 교수 등 공동연구진은 걷기와 달리기를 모두 보조할 수 있는 로봇 바지를 개발했다. 연구진에 따르면 무게가 약 5Kg 수준인 이 로봇은 착용자의 하체를 지지하고 근력을 높여주어 보행이 불편한 사용자가 쉽게 걸을 수 있도록 해준다고 한다.

포드자동차에서 일하고 있는 한 근로자가 2017년부터 '근력증강로봇'을 착용하고 작업을 했다고 하였다. '근력증강로봇'은 팔의 부담을 덜어주는 역할을 하고 있어 '산업용 웨어러블 로봇'으로 불리고 있다.

웨어러블 재활로봇이 보행 관련 장애인들의 재활 훈련에 도움이 되고 있다. 다리나 허리에 부착한 웨어러블 로봇이 걷는 데 어려움을 느끼는 사람이나 재활이 필요한 사람들에게 사용되고 있다. 외골격 로봇은 미 해군이 처음 개발하였는데, 본래 목적은 팔에 로봇을 장착해 무거운 포탄을 쉽게 옮기는 것이었다. 2014년 브라질월드컵 개막식에서 하반신이 마비된 줄리아노 핀토가 외골격 로봇(로봇 다리)을 입고 시축하여 관심을 받았다.

외골격 로봇(로봇 다리)은 머리에 뇌파를 감지할 수 있는 헬멧을 쓰면 사람의 생각이 컴퓨터로 전달되고 컴퓨터는 지시대로 로봇의 다리를 움직인다.

• 생체모방 로봇

인간을 비롯한 동물이나 곤충, 물고기 등을 모방한 로봇이다. 인간이나 곤충과 같은 동물들로부터 구조나 운동, 인지 방법을 모방한 로봇을 '생체모방형 로봇'이라고 한다. 뱀을 닮은 로봇, 개나 말을 닮은 로봇, 잠자리를 닮은 로봇 등이 있다.

하늘을 나는 곤충이나 새의 비행방법 또한 로봇기술에 적용되고 있다. 물고기의 특성을 모방한 로봇들도 많이 개발되고 있다.

생물체의 몸체 전체가 아닌 일부만을 모방하는 기술도 개발되어 코끼리의 코(크기에 관계없이 물건을 쥘 수 있음), 겟코 도마뱀의 발바닥(수직 벽을 기어오를 수 있음) 등이 그 예다.

더 나아가 생물체의 근육 운동 자체를 모방하려는 시도도 이루어
지고 있다. 이렇듯 생체모방형 로봇은 생물학이 로봇공학만으로
는 찾기 힘든 최적화된 로봇운동의 해법을 제시할 수 있다는 것
을 보여주고 있다.

• 지능형 로봇

지능형 로봇은 외부환경을 인식하고, 스스로 상황을 판단하여,
자율적으로 동작하는 로봇을 의미한다. 기존의 로봇과 차별화되
는 것은 상황판단 기능과 자율동작 기능이 추가된 것이다.

지능형 로봇의 한 종류인 소셜로봇은 1997년 미국 MIT에서 사람
의 얼굴과 목 부분을 모방한 '키스멧'을 개발한 것이 시초이다.
키스멧은 음성을 읽어 들일 수 있는 마이크, 주위에 사람이 다가
오고 있는지를 감지할 수 있는 적외선 센서, 체온감지 센서를 탑
재하고 있다. 또한 눈꺼풀, 입, 목 등을 움직일 수 있도록 모터를
장착하여, 행복, 슬픔, 놀람, 지루함, 그리고 화남의 감정을 표현
할 수 있다.

지능형 로봇의 또 다른 종류인 인간 협업 로봇이 있다.

• 가사지원/실버 로봇

가사지원 로봇은 청소로봇에서 심부름로봇에 이르기까지 집안일

을 도맡아 하는 로봇이다.

바닥만 청소하는 진공청소 로봇이 바닥에 떨어진 옷가지들을 구분해 내고 어지럽혀진 물건들을 정리하는 로봇으로 또 물컵 등을 배달하는 심부름로봇, 설거지 밥상 차리기 등을 보조하는 가사지원 로봇으로 발전할 것이다.

실버로봇은 독거노인을 보조하는 로봇이다. 거동이 불편한 노인을 위해, 옷 갈아입히기, 배변보조, 부축하기 등 현재의 간병사들이 하는 환자보조 업무를 수행할 수 있다.

국내에서는 돌봄이 필요한 노인 중 경도인지장애(치매 전 단계)가 있는 노인에게 인공지능 돌봄로봇 '효돌이'를 보급한다. 독거노인을 포함한 고령층들을 위해 만들어진 인공지능 로봇 효돌이는 노인들을 위해 약 복용 시간, 식사시간, 환기시간 등을 챙겨주며 애교도 피우고 퀴즈도 내는 인형이다. 특히, 스마트폰 앱을 설치한다면 원격조종이 가능해져서 실시간으로 노인 분들의 상태를 파악할 수 있고 비상시에는 보호자들에게 비상연락도 취할 수 있는 다양한 기능이 존재하는 인공지능이다.

· **교육·오락 로봇**

로봇은 어린이들에게 인기 있는 장난감이다. 이를 활용한 교육효과는 어린이 두뇌형성에 영향이 매우 큰 것으로 알려지고 있다. 교육 컨텐츠와 연결되어 지능형로봇이 보급된다면 교육산업의 핵심으로 막대한 시장창출을 할 것으로 전망된다.

• **의료·헬스케어 로봇**

수술로봇, 재활로봇, 간호·간병로봇, 진단로봇, 병원 물류 로봇
등 의료 로봇산업이 거대 산업으로 발전될 전망이다. 수술로봇에
는 미국의 복강경 수술로봇이 독점적 위치를 점하고 있으며 이밖
에도 관절수술로봇, 척추수술로봇이 병원에서 활약하고 있다. 재
활분야에서는 의족로봇 등이 상용화 되었으며, 인공지능의 발달
로 보다 정밀한 로봇들이 등장할 것으로 기대된다.

• 국방/안전 로봇

지금도 각종 테러나 범죄에서 군사용 로봇의 활약상은 매우 두드러진다. 폭탄제거 로봇에서 재난현장에서 사람을 구출하는 안전 로봇, 범죄예방을 위해 순찰하는 감시순찰 로봇에 이르기까지 로봇에 의해 사회가 지켜지는 시대가 열릴 것이다.

• 해양·환경 로봇

해양·환경로봇은 극한로봇의 일종이다. 화석에너지를 대체하는 해양에너지 분야, 해양자원을 탐사하는 로봇이 새로운 해양산업으로 등장할 것이다. 환경오염을 감시하고, 오염을 정화시키는 환경미화 로봇도 등장할 것이다.

• 힐링 로봇

일본에서는 로봇 개들이 혼자 사는 노인들에게 큰 힘이 되고 있다. 움직이는 장난감을 넘어, 인간의 상처를 치유해주는 '힐링 로봇'의 시대가 서서히 현실화되고 있다.

애니메이션 영화 "빅히어로"에서는 힐링 로봇 "베이맥스"가 출현한다. 베이맥스는 치료용으로 개발된 로봇이다. 입력된 데이터에 따라 자율적으로 움직이며 누군가의 치료가 필요할 때 등장한다. 베이맥스는 환자의 생체상태를 스캔하고 통증정도에 따라 거의 모든 증상을 치료할 수 있는 그야말로 맞춤형 치료가 가능한 로봇이다. 또한 환자를 보살피는 일에 특화되어 있는 로봇이다. 영화 속의 "베이맥스" 같은 힐링 로봇이 조만간 우리와 함께 할 것이다.

웨어러블 컴퓨터의 등장

웨어러블 컴퓨터는 옷에 **PC** 기능을 추가하였다.

• 티셔츠 게임기

이제 티셔츠만 입으면 언제 어디서나 게임을 즐길 수 있다. 바로 티셔츠가 게임기인 셈이다. 스마트폰에 게임 앱을 설치한 사람들은 블루투스를 통해 이 옷에 연결하고, 스피커를 휴대 전화 잭에 꽂으면 게임을 할 수 있다. 그뿐만 아니라 텔레비전 리모컨으로도 사용할 수도 있다고 한다.

• 감정에 따라 변하는 옷

감정에 따라 옷의 색깔과 무늬를 바꿀 수 있다. 이젠 기분이나 주변 분위기에 따라 자신이 원하는 색이나 무늬를 스마트폰으로 바꾸기만 하면 된다. 또한, 음악에도 반응하게 돼 있어서 리듬에 따라서도 무늬나 색깔이 변한다.

- **우주 비행사가 입는 'X1'**

  웨어러블로봇 X1은 우주 정거장이나 달, 화성을 탐사하는 우주 비행사를 보조하는 역할을 한다. 이 외골격 로봇은 약 26kg으로, 사람의 어깨와 양다리에 직접 착용하며. 우주 비행사가 이 로봇을 장착하면 무거운 산소통과 배터리를 더 오랫동안 짊어지고 탐사할 수 있다.

- **군사용헐크('HULC')**

  군인이 가방에서 꺼내 쉽게 착용할 수 있는 헐크는 배터리로 작동되는 로봇 골격에 의해 다리와 등 근육을 지탱해 주어 100 kg이나 되는 군장을 하고도 16km의 속도로 뛸 수 있고, 두세 사람이 들어야 하는 무거운 폭탄도 혼자 거뜬히 옮길 수 있다.

- **스마트 반지**

  작은 디스플레이와 버튼이 달린 금속 소재의 반지로, 전화, 문자, 메일, SNS, 카메라, 음악 재생을 편리하게 할 수 있다.

- **스마트 밴드**

  운동할 때 유용한 기능이 들어 있는 팔찌이다. 이미 많은 사람이 사용하고 있는 웨어러블 컴퓨터이다. 스마트 밴드는 오래도록 착용해도 불쾌하지 않도록 인체 공학적인 재료와 모양으로 설계되었고 운동할 때 소모된 칼로리 계산은 물론 운동량과 강도, 빈도 등을 기록한다. 무엇보다 목표 운동량을 정해 두면 LED 화면에 색깔로 표시된다.

• 스마트 마스크

스마트 마스크는 공기의 오염도를 표시해 주는 기능을 갖춘 마스크다. 주로 봄철에 몰려오던 중국의 황사가 이제는 계절에 상관없이 미세 먼지와 함께 우리나라를 덮치고 있기 때문에 앞으로 더욱 필요하게 될 웨어러블 컴퓨터 중 하나이다. 스마트마스크는 자외선이나 추운 날씨, 바이러스로부터 몸을 보호해 주고, 블루투스 기능을 통해 정보를 수집하고 공유할 수도 있다.

• 말하는 신발

구글과 아디다스가 손을 잡고 신발을 개발했는데 이름하여 '말하는 신발'이다. 말하는 신발은 사람의 움직임에 따라 말을 한다. 이 신발에는 가속도, 압력 등을 알아채는 센서가 들어 있어 신발을 신은 사람의 몸 상태를 그때그때 알려 주고, 운동량과 칼로리 소비량도 계산해 알려 준다.

유망직업

• 로봇기술자

일상생활 또는 특정한 분야에서 필요한 로봇을 연구하고 개발해 산업, 의료, 해저 탐사, 실생활에 활용 등 여러 분야에서 사용될 수 있도록 만드는 로봇 프로그래머, 로봇 콘텐츠 개발자, 로봇 엔지니어, 로봇 수리 전문가를 말한다.

로봇 기술자가 되기 위해서는 기계공학, 제어계측 등을 공부해야 하며 새로운 것에 대한 탐구정신과 호기심, 창의성, 문제 해결력 등도 필요하다.

• 로봇전문 영업원

로봇에 특화된 전문지식과 영업력으로 소비자에게 품질 좋은 로봇을 판매한다. 로봇 가격이 저렴해져 '1가구 1로봇' 시대가 되면, 교육용 로봇처럼 일반인이 가장 많이 접하는 서비스 로봇을 온라인 및 오프라인에서 판매하는 영업원의 일자리가 늘어날 것으로 보인다.

• 로봇 임대인

고가의 로봇을 구매하지 않고 임대해 사용하는 이용자가 늘어날 경우 로봇 임대인이란 직업이 일반화될 수 있다. 지금도 공항이나 쇼핑몰, 은행, 공공기관 등에 이벤트와 홍보용 도우미 로봇을 임대하는 회사가 존재한다.

• 로봇 교재 개발자 & 로봇 강사

로봇 교육 분야에서는 이미 많은 직업인이 활동하고 있다. 국내에서는 로봇 활용 교사를 교육한 바 있고, 아이들에게 로봇은 이미 친숙한 교육용 친구로 자리 잡았다.

• 로봇 공연 기획자

예술이나 스포츠, 여가관리 서비스 영역에서도 로봇 응용이 활발해지면서 새로운 직업이 나타날 것으로 보인다. 이미 연주 로봇, 연극 및 뮤지컬 공연 등에 로봇이 등장하면서 관련 서비스를 기획하고 이벤트를 구성, 진행하는 기획자가 활동하고 있다.

04

메타버스

메타버스란?

메타버스를 타고 돈을 벌어요

얼마 전부터 메타버스란 말이 종종 쓰이고 있다. 메타버스, 이게 뭘까? 어렵게 생각할 필요는 없다. 단어 자체가 낯설 뿐, 이전부터 사람들이 인터넷이나 스마트폰을 통해 조금 더 편리한 삶을 누리거나 다른 사람과 교류하는 데 이용해온 디지털 공간 정도로 생각하면 된다.

메타, 인스타그램, 카카오톡, 구글맵, 싸이월드는 가장 친숙한 형태의 메타버스이다. 기성세대들이 즐겼던 게임 '테트리스', 3차원 가상게임 '모

페이스북 저자의 아바타

여라 동물의 숲', 미국의 게임 플랫폼 '로블록스(Roblox)'도 메타버스로 들 수 있다. 한때 세계적으로 열풍을 일으킨 게임 '포켓몬고'에서 보여준 증강현실 세계도 메타버스 중 하나다.

메타버스는 가공·추상을 의미하는 '메타(meta)'와 현실세계를 뜻하는 '유니버스(universe)'의 합성어다. 즉 가상 세계와 현실이 뒤섞여 시공간의 제약이 사라진 세상을 말하는 것이다. 메타버스는 3차원의 가상현실보다 진화된 것으로, 아바타를 활용해 단지 게임이나 가상현실을 즐기는 데 그치지 않고, 실제로 현실처럼 활동할 수 있다. '아바타'라는 말은 2009년 영화 <아바타>를 통해 사람들에게 친숙할 것이다. 아바타에 이어 이번엔 메타버스가 현실로 다가왔다. 메타버스에서는 컴퓨터 프로그램이나 스마트폰 앱에서 자신의 아바타를 꾸민 뒤에 현실에서는 불가능했던 여행, 공연 관람, 게임 등을 가상공간에서 즐길 수 있다.

메타버스 시대가 오면 아예 오프라인 사무실이 사라질지도 모른다. VR 글라스를 쓰면 언제 어디서나 가상 사무실로 접속해 동료 아바타와 업무를 할 수 있다. 이런 가상의 장소를 전문용어로 '메타버스'라고 한다.

게임, 업무, 교육 등 메타버스가 활용되는 분야는 넓어지고 있다. 메타버스는 조금 더 복잡하고 놀라운 세상으로 진화하고 있다. 상상한 것을 보고 듣게 해줄 뿐만 아니라, 가상 세계를 느끼고 만질 수 있는 단계로 진입하고 있는 것이다.

거대한 메타버스 세계의 문은 이미 활짝 열려 있다. 우리나라의 대표적인 메타버스 플랫폼인 제페토, 미국의 게임 플랫폼인 로블록스, 포트나이트가 세계적인 인기를 끌고 있다. 누구나 게임, 운동을 하면서 돈을 버는 메타버스 속에서 살아갈 시대가 머지않은 것이다.

메타버스로 하는 신입생 입학식

메타버스 입학식을 위해 SKT와 순천향대는 본교 대운동장을 실제와 거의 흡사하게 메타버스 맵으로 구현했다. 가상의 대운동장은 입학식의 주 무대이다. 가상의 대운동장에는 현실에 존재하지 않는 대형 전광판이 추가되어 주요 입학식 프로그램들을 소개하고, 아바타들이 자기소개를 할 수 있는 단상도 마련된다. 입학식에 참석하는 순천향대 신입생들은 본인의 아바타를 꾸민 후 '버추얼 밋업(가상 만남)'을 기반으로 하는 소셜월드 내 입학식 방에 입장하면 된다. SKT는 약 2,500명의 순천향대 신입생들이 모두 입학식에 참여할 수 있도록 57개 학과를 기준으로 150여개의 소셜월드 방을 개설했다. 신입생들은 소속 학과에 따라 약 25명이 한 방에 입장해 입학식에 참여하게 되고, 어느 방이든 동일한 입학식을 할 수 있다.

SKT는 메타버스 입학식을 위해 특별히 순천향대 맞춤형 아바타 코스튬(의상)인 '과잠(대학 점퍼)'도 마련해 학생들이 본인 아바타에 자유롭게 착용할 수 있게 했다. 순천향대 역시 신입생들이 최적의 환경에서 메타버스 입학식에 참석하도록 VR 헤드셋·신입생 길라잡이 안내서 등이 포함된 '웰컴 박스'를 사전에 지급했다.

자료 : "입학식도 가상공간에서" 순천향대 입학식 메타버스서 개최, 서울경제, 2021, 3, 2.

BTS와 트래비스 스콧도 메타버스행

어린이나 청소년의 가상 놀이공간 정도로 여겨지던 메타버스가 현실 세계로 점점 깊이 스며들고 있다. 특히 전 세계적인 인기를 끄는 문화 콘텐츠들이 애초 국경과 나이 등 경계가 없는 메타버스 안에서 강력한 위력을 발휘하고 있다.

미국의 인기 래퍼 트래비스 스콧이 가상공연장에서 자신의 아바타로 라이브 공연을 했다. 당시 스콧은 3일간 다섯 차례 공연을 했는데, 아바타의 얼굴을 하고 가상의 공연장에 들어온 관객 2,770만 명을 끌어모은 것으로 알려졌다.

세계적인 그룹 방탄소년단(BTS)도 '다이너마이트'의 안무 버전 뮤직비디오를 세계 최초로 공개했다. 그룹 멤버 7명이 각자 개성을 살린 독특한 아바타 모습으로 등장해 현실 속 안무와 똑같은 역동적 춤을 선보였다. 방탄소년단은 온라인 콘서트를 열며 증강현실과 확장현실 기법을 활용해 100만 명에 육박하는 관객을 동원했다.

걸그룹 블랙핑크는 메타버스 플랫폼인 제페토에 아바타를 만든 뒤, 이들의 댄스 퍼포먼스를 동영상으로 만들어 유튜브 조회수 1억 뷰를 넘겼다. 제페토에서 연 가상 사인회가 5,000만 명 가까운 팬을 끌어모으기도 했다.

가상 세계가 어떻게 돈이 될까?

메타버스가 주목받는 또 다른 이유는 '돈'이 되는 미래 먹거리로 인식하기 때문이다. 이미 수십조 원대 세계 시장이 형성되었지만, 10여 년 새 30배 이상 시장 규모가 커질 것이란 예상이 나온다. 세계적인 메타버스 서비스로 유명한 제페토, 로블록스, 포트나이트등 관련 산업이 급격하게 성장하였다. "게임하고, 제작하며, 상상하던 모든 것을 이루어 보라. 그것이 돈이 된다."며 이용자들을 가상 세계로 유혹하고 있다.

기업들이 메타버스를 활용하는 사례도 부쩍 늘어나고 있다. 나이키를 비롯해 명품 브랜드 구찌와 루이비통 등은 메타버스 플랫폼 안에서 아바타가 쓰고 있는 신발·가방·액세서리 등 가상 아이템을 팔거나 해당 아이템과 같은 실제 옷을 현실의 온라인 쇼핑몰과 연계해 판매하고 있다.

국내에서는 현대자동차가 제페토에 전시관을 열고 이용자가 아바타로 간접 시승 체험을 할 수 있도록 했다. LG전자가 '동물의 숲'에서 홍보용 이벤트를 여는가 하면, SK텔레콤과 엘지그룹 일부 계열사가 신입사원 채용에 메타버스를 활용하고 있다.

메타버스 시장이 커지면서 독특한 형태의 신산업도 생겨나고 있다. 가상 부동산 거래 플랫폼에서 가상으로 만든 지구의 땅을 실제 돈을 주고받으며 거래하고 있다.

유망직업

• 메타버스 건축가

메타버스가 일상화되면 어떤 직업이 생겨날까? 전문가들은 메타 버스 건축가를 꼽는다. 메타버스 건축가는 가상 세계에서 공간을 설계하는 일을 한다. 컴퓨터 디자인 그래픽을 할 줄 알아야 하는 데, 단순히 블록을 쌓아 공간을 만드는 게 아니라 '가상 세계 안 사용자 경험'을 함께 설계해야 한다.

자동차 회사라면 메타버스 안에 전시관을 세우거나 자동차를 마음껏 튜닝할 수 있는 공간을 만들 수 있다. 기업이 의도한 것을 충분히 구현할 수 있는 디지털 설계 감각이 필요한 직업이다.

• 아바타 디자이너

아바타 디자이너의 수요가 늘어날 수 있다. 아바타 패션 디자이너, 메이크업 아티스트 같은 직업도 생길 수 있다. 아바타가 입을 옷을 만드는 것도 전문성이 필요한 일이다. 이미 가상 패션 원단 이나 부자재를 판매하는 업체도 생겨났다. 다양한 질감과 색감의 원단, 부자재 중 원하는 것을 구매해 제품을 만들면 된다. 아바타를 멋지게 꾸미기 위한 메이크업 기술도 판매할 수 있다. 메타버스 안에서 아바타끼리 상호작용을 원활하게 하는 일이 많이 생겨날 것이라고 한다.

• 가상현실 공간 디자이너

미래에는 가상공간에서 교육을 받고 일을 하는 시대가 온다. 때문에 이러한 공간을 디자인하는 일이 필요할 것이다. 이 분야에 많은 일자리가 생겨날 것이며, 세계 시장에서 가장 흥미롭고 창의적인 직업 중 하나가 될 것이다.

05

블록체인

블록체인과 활용분야

4차 산업혁명의 대표 기술로 꼽히는 블록체인은 사회 전반에 많은 영향을 끼치고 있다. 블록체인은 데이터 분산 처리 기술이다. 블록체인이란 '블록(Block)'을 잇따라 '연결(Chain)'한 모음을 말한다. 블록체인 기술이 쓰인 가장 유명한 사례는 가상화폐인 '비트코인(Bitcoin)'이다. '블록체인' 기술에서 블록에는 일정 시간 동안의 거래 내역이 담긴다. 온라인에서 거래 내용이 담긴 블록이 형성되는 것이다. 이 블록은 네트워크에 있는 모든 참여자에게 전송된다. 승인된 블록만이 기존 블록체인에 연결되면서 거래가 이루어진다.

블록체인 개요도

이 기술을 적용할 경우 은행에서 일어나고 있는 거래 내역을 온라인 거래자 컴퓨터에 분산 저장할 수 있다. 장부 자체가 인터넷상에 개방돼 있고 수시로 검증이 이뤄지기 때문에 원천적으로 해킹이 불가능하다.

블록체인 활용분야

사회적 투자, 기부처럼 거래 관계가 있으나 불투명하고 체계화되지 않았던 분야에 블록체인 기술을 적용한다면 큰 효과를 거둘 수 있다. 실제로 블록체인을 활용해 투명하게 기부할 수 있는 업체들이 생겨나고 있다. 2013년부터 비트코인으로 기부 받고 있는 비영리재단 '비트기브'는 기부자들이 비트코인으로 기부금을 입금하면 이후 기부금이 어떻게 쓰이는지 실시간으로 확인할 수 있도록 모든 정보를 블록체인에 기록하고 있다.

블록체인에 저장하는 정보는 다양하기 때문에 블록체인을 활용할 수 있는 분야도 매우 광범위하다. 대표적으로 가상통화에 사용되고 전자 결제나 디지털 인증뿐만 아니라 화물 추적 시스템, P2P 대출(인터넷 대출로 개인 간의 거래), 예술품의 진품 감정, 위조화폐 방지, 전자투표, 차량 공유, 부동산 등기부, 병원 간 공유되는 의료기록 관리 등 신뢰성이 요구되는 다양한 분야에 활용할 수 있다.

비트코인은 블록체인 기술을 금융에 적용한 첫 번째 사례다. 비트코인은 생긴 지 5년 만에 시가총액으로 세계 100대 화폐 안에 들어갈 정도로 성장했다. 비트코인은 특정 관리자나 주인이 없다. P2P 방식으로 작동하기 때문이다. P2P는 개인 간 거래를 의미한다. 블록체인은 비트코인의 거래 기록을 저장한 거래장부다. 데이터베이스(DB)로 이해하면 쉽다. 거래장부를 공개하고 분산해 관리한다는 의미에서 '공공 거래장부'나 '분산 거래장부'로도 불린다.

비트코인은 수많은 사람들의 관심과 논란의 대상이 되며 전 세계로 확대되었고 엄청난 돌풍을 일으켰다. 일반대중은 비트코인을 새로운 금융투자로 받아들였다. 비트코인의 진정한 의미는 블록체인의 상용화를 증명했다는 것이다.

지갑이 필요 없는 세상

한국은행은 동전을 퇴출시키겠다고 선언했으며, 스웨덴과 덴마크는 더 나아가 2030년까지 현금 자체를 없애버리겠다고 선언했다. 스마트폰만 있으면 물건을 사고팔고 다 한다. 이 환경의 중심에 핀테크(금융과 정보통신기술의 융합)가 있다. 핀테크는 기술이면서 동시에 금융을 해결하기 위한 유용한 비즈니스 도구다. 돈과 관련해 실생활에서 소비자가 불편하다고 느끼는 것을 편리하게 만들어준다. 핀테크에서 가장 중요한 건 데이터분석과 고객 경험이다. 핀테크 중 미래의 유망기술로 손꼽히는 것이 블록체인이다.

금융과 모바일 IT 기술이 합쳐진 금융 서비스, 핀테크

인터넷이 없던 시절에는 은행 업무를 보기 위해서 꼭 은행을 방문했다. 그러나 지금은 IT 기술의 발전으로 장소에 관계없이 은행 업무를 볼 수 있게 되었다. 입출금 등 간단한 일뿐만 아니라 예금이나 적금, 대출도 PC나 스마트폰으로 할 수 있다. 이렇듯 핀테크는 시간의 절약과 편리함을 우리에게 가져다다.

핀테크란 금융(Finance)과 기술(Technology)의 합성어로 새로운 금융 서비스를 제공하는 것을 의미한다. 핀테크는 스마트폰의 대중화로 인해 소비 형태가 모바일 중심으로 변화되고, 소비자 맞춤 서비스가 활성화되면서 급격히 성장했다. 최근 코로나로 인한 언택트 환경은 핀테크의 발전을 더욱 가속화시켰다.

원래 금융산업은 IT산업 다음으로 IT 기술을 많이 도입하던 분야이다. 핀테크라는 이름이 나오기 전부터 인터넷뱅킹과 모바일뱅킹을 써 왔다. 은행은 거래 대부분을 전산으로 처리한다. 현금 수송 차량에 실어다 옮기는 돈은 은행이 다루는 전체 돈의 극히 일부일 뿐이다.

핀테크는 금융사 주도의 상품에서 빅데이터 활용을 통한 맞춤 상품으로 진화하고 있다. 핀테크의 지향점은 보다 쉽고, 보다 빠르게, 보다 편리한 금융 서비스를 제공하는 것이다. 핀테크 산업의 발전은 금융 소비자의 입장에서는 반가운 일이다. 핀테크를 통해 금융에 대한 불편함과 과대 비용을 줄일 수 있다. 그리고 축적된 데이터를 가반으로 체계적인 소비자 분석을 할 수 있다.

금융 상품은 매우 다양하기 때문에 나한테 딱 맞는 상품을 찾기가 어렵다. 나한테 맞는 상품을 찾기 위해서는 그만한 지식과 시간이 필요하다. 카드나 예·적금, 대출, 보험 등 금융상품은 종류가 굉장히 많고 어떤 상품이 나에게 가장 적합한지 알기도 어렵다. 그러나 핀테크 서비스를 통해 개인에게 적합한 금융상품 추천이 가능해졌다. 핀테크는 나날이 발전하면서 소비자들의 금융 생활을 더욱 편하게 만들고 있다.

• 지급 결제 기능

일반 금융 소비자가 가장 친숙하게 여기는 분야이다. 지급 결제 서비스는 사용자가 쓰기 쉽게 만들어야 한다. 지급 결제 서비스는 편리한 서비스를 제공해 주고 수수료를 받는다. 애플페이, 삼성페이, 카카오페이, 네이버페이, 토스, 페이코 등이 있다.

• 간편한 자산 관리

돈이 어디에 얼마나 어떻게 있는지 통장을 확인하거나 증권, 보험 등의 자산을 해당 금융기관에 방문하지 않고도 통합 관리할 수가 있다. 최근에는 자산 내역 분석을 통해 잉여자금을 추천하고 활용할 수 있는 핀테크 기업들도 생겼다. 네이버 자산, 토스 같은 핀테크 사이트에서 여러 금융기관에 산재되어 있는 나의 자산 정보를 한 번에 볼 수 있고, 분석까지 해준다.

• 금융 데이터 분석

기존에 금융 데이터 분석은 주로 고객의 금융 거래를 바탕으로 신용도를 파악해 적절한 이자율을 계산했다. 핀테크 기술은 이 업무를 한 차원 발전시켜 이자율 계산뿐만 아니라 신용 확인도 가능하게 만들었다. 여러 신용 평가 기관들과 제휴를 맺어서 본인의 신용점수를 실시간으로 확인할 수 있다.

핀테크를 통해 클릭 한 번으로 실시간 확인이 가능하므로 이를 통해 대출을 추천해 주거나 연결해 주는 업무까지 볼 수 있다. 사기 거래를 탐지하는 것으로도 활용할 수 있다. 서울에 있는 한 식당에서 쓰인 신용카드가 1시간 뒤 미국 뉴욕의 한 백화점 명품 매장에서 쓰인다면 어떨까? 1시간 만에 같은 고객이 미국으로 건너갈 방법도 없을 뿐더러, 5천 원짜리 음식만 사 먹던 고객이 갑자기 명품을 구매하는 점도 수상할 것이다. 이렇게 기존 거래 패턴에서 어긋나는 거래가 일어날 경우 이를 이상 거래로 인식하고 추가 인증을 요구해 사기 거래를 막을 수 있다. 이 기술이 제대로 작동하려면 데이터를 쌓는 기간이 필요하다.

• 플랫폼

플랫폼은 금융기관을 거치지 않고 고객이 자유롭게 금융 업무를 처리할 수 있게 한다. 은행이 하는 일인 투자금 모집과 대출 신청 및 집행을 모두 온라인 플랫폼에서 처리한다. 오프라인 지점이 없으니 운영 자금이 많이 들지 않는다. 또, IT를 바탕으로 고객 신용도를 한층 더 철저하게 평가할 수 있어 대출 이자도 은행보다 낮출 수 있다. 중간에 은행을 거치지 않기 때문에 싼 값에 더 편리한 서비스를 제공할 수 있다. 사용자는 인터넷상에서 편리하게 돈을 주고받을 수 있다.

비트코인을 앞세운 가상화폐 또는 암호화폐도 기존 금융회사를 대체하는 플랫폼이다. 위조나 변조가 불가능한 블록체인 안에서 작동하기 때문에 언제 어디서나 적은 금액의 돈도 실시간으로 보낼 수 있다. 중간에 어느 기관도 거치지 않기에 그 어떤 지급 결제나 송금 수단보다 비용이 저렴하다.

핀테크는 어떻게 발전했을까?

금융산업을 요약하면 '돈 장사'를 하는 분야이다. 금융소비자에게 돈을 빌리고 그 돈을 투자해 수익을 거둔다. 금융산업은 2008년 금융위기 뒤에 수익성 악화를 경험했다. 부실 주택담보대출(서브프라임 모기지론)에 파생상품을 붙여 팔다 대출원금을 돌려받지 못하자 내로라하는 금융회사가 줄줄이 도산했다.

엎친 데 덮친 격으로 금융위기를 불러온 금융업계에 규제가 들어왔다. 전처럼 '돈 놀이'를 맘껏 벌이지 못하게 된 금융업계는 한층 더 침체되었다. 활로를 뚫어야 했던 금융업계는 IT 업계에 손을 내밀었다. 금융 거래 과정을 전자화한 것이다. 사람이 일일이 해야 할 일을 전산 시스템으로 대체했다. 비용은 줄어들고 속도는 빨라졌으며 소비자도 한층 편하게 금융 서비스를 이용할 수 있게 되었다.

금융 서비스를 전산화하니 또 다른 수익원이 눈에 띄었다. 바로 금융 소비자가 만드는 데이터이다. 온라인에서 모든 활동은 데이터를 만든다. 여기 착안해 데이터를 기반으로 그동안 제공할 수 없었던 다양한 서비스를 선보이기 시작했다. 그러면서 제대로 된 핀테크 산업이 싹을 틔웠다.

데이터를 바탕으로 사용자가 편리하게 이용할 서비스를 잘 만드는 쪽은 금융사일까, IT 기업일까? IT 기업은 태생부터 이런 일을 해온 곳이다. 진입장벽이 거의 없는 인터넷이라는 신대륙에서 살아남으려 늘 진검승부를 벌여야 했다. 높은 진입장벽 안에서 큰 변화 없이 살아온 금융업계와 다르다. IT 기업이 금융사보다 더 핀테크 산업에 가까운 이유이다.

IT 금융산업을 혁신하는 핀테크

IT를 가운데 두고 금융산업을 혁신하는 일을 말한다. 역사적으로 금융 서비스는 언제나 기술과 함께 발전해왔으며, 가장 적극적으로 신기술을 채용해 왔다. 신용카드, ATM, 인터넷 뱅킹, 모바일 뱅킹 등은 당시에는 혁신적으로 이용자들의 금융 환경을 개선시켰던 것도 사실이다.

그렇게 본다면, 요즘 주목을 받고 있는 핀테크는 과거의 금융 기술과 큰 차이가 없어 보일 수도 있다. 인터넷 뱅킹, 모바일 뱅킹 등은 모두 IT에 기반을 둔 기존의 금융기관에서 수행하던 업무를 '자동화'한 것에 가깝다. 그에 비해 핀테크 서비스들은 은행과 다른 방식으로 은행이 주지 못한 새로운 가치를 이용자들에게 제공한다.

핀테크의 핵심은 기술을 통해 기존의 금융기관이 제공하지 못했던 부분을 채워 주고 고객에게 새로운 가치를 주는 데 있다. 특히 고객들이 쌓은 데이터를 분석해 틈새를 찾아내고 새로운 시장으로 만든다.

머지않아 종이통장이 사라진다고 한다. 100년 넘게 금융 시스템과 개인을 연결해 주던 통장은 자취를 감추게 될 것이다. 이미 대부분의 사람들은 계좌를 새로 만들 때에 받은 종이통장을 책상 서랍안에 넣어 놓고 신경을 쓰지 않는다. 대신에 인터넷으로 금융 거래를 한다. 이 가운데 절반 이상이 모바일에서 이루어지고 있으며, 스마트폰의 보급에 따라 모바일 뱅킹의 비중은 앞으로도 계속 증가할 것이다.

없어지는 것은 통장만이 아니다. 요즘은 현금을 들고 다니지 않은 사람을 흔하게 볼 수 있다. 현금을 대체한 플라스틱 신용카드도 머지않아 없어질 가능성이 있다. 신용카드를 모바일 디바이스에 심어 놓기도 하고, 바코드나 QR코드를 스캔하는 방식으로 결제를 한다. 본인 인증도 서명이나 비밀번호 입력 대신에 지문, 안면인식, 정맥과 같은 생체 정보로 대신하고 있다.

비트코인과 같은 가상화폐도 등장했다. 실체가 존재하지 않고 이용자들의 PC를 오가는 화폐가 실생활에까지 영향을 주고 있다. '월급이 통장을 스쳐 간다'는 말도 있지만, 정말로 우리의 금융 정보와 기록은 스마트폰이나 PC 화면 위에 점멸하는 숫자에 지나지 않게 되었다.

빅데이터 분석으로 창출되는 새로운 가치

기존의 신용 평가 기준 또한 데이터를 기반으로 해서 구축되었지만, 다양한 종류의 데이터를 복합적으로 분석하는 빅데이터 기술의 발달은 금융기관의 신용 평가 기준을 대체할 새로운 틀을 만들어가고 있다. 금융 데이터는 금융이란 개념을 근본적으로 바꾸고 있다.

가계를 예로 들어 보면, 예전에는 월급을 받으면 공과금과 관리비를 내고 생활비를 제외한 돈을 저축하거나 투자를 했다. 주로 현금으로 나간 지출은 영수증을 모아 가계부를 써서 정리했고, 통장을 보며 매달 저축한 금액을 파악할 수 있었다. 이런 방식으로 대략적인 수입과 지출을 파악하고 관리했다. 지금은 이 모든 작업을 한 가지 서비스로 관리할 수 있다. 은행 계좌의 입출금 관리, 신용카드 사용 내역 등과 연결되어 개인의 소비와 지출을 단번에 파악할 수 있다. 지출 항목을 카테고리별로 구분해 이용자의 소비 패턴과 추이를 분석해 주고, 전체 이용자의 평균과도 비교할 수 있다. 신용카드 대금 결제나 대출금 상환 등을 잊지 않게 알려 주고 미래의 가계 운영에 대해 조언까지 해 준다. 소비나 지출뿐만 아니라 세무, 투자, 대출 등의 금융 정보를 분석하여 합리적인 방향을 제시해 주는 것이다.

해체되고 플랫폼화하는 은행

이렇게 편리하면서 새로운 가치를 주는 서비스들이 일반적으로 쓰이게 되면 은행으로 대표되는 금융기관들은 어떻게 될까? IT, 네트워크 기술의 발달 등으로 이미 많은 기관들이 자리를 잃어 가고 있다.

은행은 경제활동을 영위하는 대부분의 사람들에게 필수적이고 대체 불가능한 곳이었다. 증권사나 보험사에서 일부 역할을 인정받은 것을 제외하고는 제도권 내에서 유일하게 예금, 대출, 송금 등의 금융 활동을 할 수 있는 공인 기관이었다.

한편, 고객들은 일반적으로 여유가 있을 때 저축이나 투자를 하고, 상황이 여의치 않을 때 대출을 받고 싶어 한다. 하지만 은행은 회수 가능성 때문에 여유가 있는 고객에게 대출을 해 주고 상황이 여의치 않은 고객들은 대출을 거절하거나 회수하려 한다. 은행이 가진 돈의 대부분은 은행의 자기자본이 아니라 다른 고객이 맡긴 예금이기 때문에 대출에 신중할 수밖에 없다.

기술의 발전과 빅데이터 분석, 스마트폰의 보급으로 고객들과 직접 소통할 수 있게 된 업체들은 은행이 주지 못했던 새로운 서비스를 제공하기 시작했다. 스마트폰에 애플리케이션이 설치되기만 하면, 수백 년의 전통을 자랑하는 은행이건, 실리콘밸리의 신생 스타트업이건 동등한 위치에서 이용자의 선택을 기다릴 수 있게 되었다.

만약 은행 예금보다 더 높은 기대 수익을 제공하며, 은행 대출보다 저렴한 이자와 빠른 심사를 제공하는 P2P 대출 업체를 이용하게 된다면 은행은 어떻게 될까? 해외 송금을 할 때 훨씬 저렴하고 빠르고 간편한 송금 서비스 업체를 이용하게 되면 어떻게 될까? 이런 경우에 은행은 어떻게 수익을 내야 할까? 은행들은 실제로 이런 고민을 진지하게 하고 있는 것이다.

이렇게 우리 생활과 밀접한 관계를 지니며, 한편으로 거대한 산업이기도 한 금융의 패러다임이 바뀌고 있다.

유망직업

• 블록체인 전문가

네트워크에서의 블록체인은 개인 간 거래가 안전하게 이뤄지도록 하는 기술이다. 정보를 중앙 서버가 아닌 개인 네트워크에 분산시키기 때문에 보안이 튼튼하다. 블록체인 전문가는 실시간으로 정보 흐름을 파악하고 해킹을 방지한다.

블록체인 전문가는 블록체인 소프트웨어를 개발하는 일을 하므로 체계적이고 논리적으로 사고하는 능력이 필요하다. 또 블록체인 기술을 어떻게 활용할지에 대하여 많은 생각을 해야 한다. 블록체인 전문가는 컴퓨터공학, 소프트웨어공학, 정보 보호학, 암호학(수학과) 등을 전공하는 것이 유리하고 융합적인 지식도 필요하다. 훈련 과정은 정부기관에서 블록체인 인력 양성 교육 프로그램을 운영하고 있다. 이외에도 각종 직업훈련 기관과 민간 기업에서 블록체인 전문가 과정, 교육 프로그램, 훈련 과정을 운영하고 있다. 블록체인 전문가는 주로 블록체인 기술을 개발하는 소프트웨어 회사에 취업한다. 은행과 같은 금융 기관에서도 일을 할 수 있으며, 블록체인 기술을 활용하는 민간 기업, 공공 기관에도 취업해서 일할 수 있다.

블록체인 기술은 금융이나 거래 서비스 분야만이 아니라 정보산업, 제조, 유통, 사회, 문화 등 다양한 분야에 활용될 수 있다. 이에 따라 우리나라를 포함한 주요 선진국에서는 블록체인 기술에 대한 많은 투자를 하고 있으며 이를 위한 전문 인력을 키우는 데에도 힘쓰고 있다.

• 블록체인 프로젝트 기획관리자

블록체인 프로젝트의 실행을 기획하고 감독하는 일을 한다. 기업의 요구사항을 블록체인 개발회사에 전달하는 역할을 하며 회사의 요구사항을 개발회사에 기술언어로 잘 소통할 수 있어야 한다.

• 블록체인 개발자

블록체인 개발자는 블록체인 기술을 다양한 영역에 활용할 수 있도록 프로그램 개발, 운영, 관리하는 전문가이다. 블록체인 개발자는 블록체인 프로그램을 개발하고 적용 가능한 블록체인 분야가 무엇인지 연구한다. 블록체인 기술에 대한 아이디어를 내고 실제로 사용할 수 있는 앱이나 플랫폼을 만든다.

블록체인 개발자가 되기 위해서는 컴퓨터 프로그래밍 언어를 익숙하게 다루어야 한다. 블록체인 저장기술도 컴퓨터 프로그램 중 하나이기 때문이다.

- 블록체인 품질 엔지니어

  블록체인 개발의 품질을 책임지는 역할을 한다. 모바일, 웹, 플랫폼에서 기능상의 문제가 없는지 알아보고 동작의 특성 등을 파악한다.

- 고령자 전문 금융 서비스 전문가

  핀테크는 정보통신 기술에 기반을 두기 때문에 상대적으로 고령인 고객이 소외될 수 있다. 특히 고령화 속도가 빠른 우리나라에서는 고령층의 특성을 고려한 상품이나 서비스 개발이 절실하다.

- 핀테크 전문 소셜미디어 분석가

  소셜미디어에서 널리 거론되는 업체나 상품, 브랜드에 대한 내용을 분석해 핀테크 업체에서의 위기 관리나 모니터링, 의사 결정을 위한 근거 자료 등으로 활용할 수 있도록 지원하는 일을 한다. 빅데이터 전문가와 다른 점은 주로 소셜미디어를 활용해 핀테크의 다양한 서비스를 제공한다. 고객을 편리하게 해주기 위해 소비자 눈높이에 맞는 서비스를 제공한다.

06

바이오
관련 기술

바이오 관련 기술

바이오(bio)는 "생"이나 "생물"을 의미한다. 바이오 산업의 기본이 되는 기술은, 유전자 재조합기술, 세포 융합 기술, 대량 배양 기술, 바이오리액터(bioreactor 바이오 반응) 기술 등이 있다.

의약품·화학·식품·섬유 등에서 그 연구가 활발히 진행되고 있다. 특히 의약품 제조 분야에서는 유전자 재조합 기술에 의해 이미 당뇨병 특효약인 인슐린과 암 치료 등에 이용되는 인터페론의 양산이 실용화되었다. 그 밖에도 농업 분야나 화학 공업 분야에서 바이오 테크놀러지 즉 생명공학의 연구가 진행되고 있어서 가까운 미래에 식량의 증산이나 에너지 절약 등이 실현될 것으로 기대된다.

생명공학

생명공학(biotechnology)는 생물 자체 또는 그들이 가지는 고유의 기능을 높이거나 개량하여 자연에는 극히 미량으로 존재하는 물질을 대량으로 생산하거나 유용한 생물을 만들어내는 산업을 말한다.

생물공학기술은 생물체의 기능을 이용해 제품을 만들거나 유전적 구조를 변형하는 기술이다. 생명공학산업은 생물체를 활용하여 유용물질을 상업적으로 생산하는 산업이다.

생명공학산업은 다양한 부가가치를 생산하는 산업군으로 바이오 기술과 신기술을 융합하여 다양한 산업에서 창출되는 산업을 포함한다. 데이터 시대가 시작되면서 미래 생명공학산업은 더욱 큰 변화를 맞이할 것으로 전망된다.

바이오 헬스

바이오헬스 산업은 인체에 사용하는 제품을 생산하거나 서비스를 제공하는 산업으로 의약품, 의료기기 등의 제조업과 디지털 헬스케어 서비스 등 의료건강관리 서비스업을 포함한다.

전 세계적으로 인구고령화와 건강관련 수요 증가로 바이오헬스의 세계시장 규모는 빠르게 확대될 전망이며 미래성장 가능성과 고용효과가 큰 유망 신산업으로 부각되고 있다. 최근 들어 그 중요도가 더욱 높아진 바이오 산업 분야에서 국내 바이오 산업은 세계적 수준으로 국제경쟁력 또한 갖추고 있다.

바이오헬스는 미래 성장 가능성과 고용 효과가 크고 국민 건강에도 기여하는 유망 신산업으로, 인구 고령화와 건강 수요 증가로 세계 시장 규모가 점차 확대되고 있다. 그러나 바이오 헬스 산업은 제품 생산까지 오랜 시간을 필요로 한다.

의학분야를 혁신하다

유전자로 병을 치료하고 예방한다

유전자치료란 질병을 치료하거나 예방하기 위해 유전자를 이용하는 것을 말한다. 환자의 세포에 새로운 질병을 치료하는 데 도움을 주는 유전자를 집어넣거나, 잘못 작동하고 있는 유전자를 없애거나, 또는 돌연변이가 일어난 유전자를 정상 유전자로 바꿔치기하는 방법이 포함된다. 원리상으로 보자면, 한 번의 처치로 질병의 근본적 원인을 제거하거나 또는 적어도 치료 효과가 오래 지속될 수 있다는 장점이 있다.

현재 매우 희귀한 돌연변이에 의한 유전병의 치료제는 이미 시판이 허가된 제품이 있고 개발도 활발하다. 과거에는 유전자 치료가 일부 희귀 유전질환에만 국한되었으나 최근에는 종양, 심혈관 질환, 후천성면역결핍증(AIDS)의 치료 등에 적용하고자 하고 있다.

유전자 치료는 기존의 좋은 치료법이 없을 때 대체치료법으로도 각광받고 있다. 우리 몸은 유전자가 정상적인 기능을 수행함으로써 유지되어 나간다. 따라서 유전자의 이상은 몸의 균형 상태가 깨어져 질병으로 발전한다. 유전자 치료는 바로 이 이상 유전자를 치료하고자 하는 첨단 치료법으로, 유전자 이상이 있는 세포에 정상 유전자를 삽입하거나 새로운 기능을 제공하는 시도로 요약할 수 있다.

유전자 치료는 '만병통치'인가? 결론부터 말하자면 '아직 아니다'. 1990년 유전자 치료가 처음으로 시도된 이후 전 세계적으로 수많은 자금과 노력이 동원되어 일부 환자에서는 효과가 있었다고 보고된 바 있다. 국내에서도 많은 연구 기관에서 연구하고 있으며, 일부 기관에서는 임상시험을 시작하고 있다. 그러나 부작용 예방을 위한 안정성의 확보 등 해결해야 할 많은 과제가 가로 놓여 있다.

유전자 가위 기술

유전체에서 원하는 부위의 **DNA**를 정교하게 잘라내는 기술이다. 가장 최근 기술인 크리스퍼 유전자 가위는 인간이나 동식물의 세포에서 특정 유전자가 있는 **DNA**를 잘라내는 기술이다.

크리스퍼 기술을 이용하면 유전자를 잘라내고 새로 바꾸는 데 최장 수년씩 걸리던 것이 며칠로 줄어들며, 동시에 여러 군데의 유전자를 손볼 수도 있다. 이로 인해 유전자가위는 에이즈, 혈우병 등 유전 질환을 치료하고, 농작물 품질 개량이 용이해 유전자 변형 식물의 대안으로 주목받고 있다.

유전병, 유전자 가위로 '싹둑'

비정상 유전자를 정상으로 바꿀 수는 없을까? 초정밀 유전자 가위는 원하는 곳의 유전자를 잘라낸 후 새로운 유전자 편집이 가능하다. 유전자 가위 기술로 비정상 유전자를 치료할 수 있지 않을까? 비정상 유전자를 잘라내고 정상 유전자를 붙여 넣으면 치료 가능하다. 지퍼(DNA)가 고장 났을 때 이빨이 나간 부위(특정 유전자)만 잘라내고 새 지퍼 조각을 끼우는 원리이다.

신약개발

신약은 전통적으로 화합물 합성 방식에 의해 개발되어 왔다. 제약회사는 만들어낼 수 있는 물질은 최대한 만들어 낸다. 자연계에 존재하는 물질과 인위적으로 수백만 종류의 화합물을 확보한다. 그런 다음 하나씩 특정한 질병에 약효가 있는지 테스트를 해본다. 끝없는 시행착오를 거쳐, 약효가 있는 물질을 찾아내는 것이다.

문제는 수백만 가지를 테스트하기 위해서는 엄청난 규모의 투자가 필요하다. 일단 약효가 있는 물질을 발견됐다 하더라도 아직 신약은 아니다. 신약으로 시판되기 위해서는 동물들을 대상으로 한 독성실험과 환자들을 대상으로 한 임상실험을 거쳐 사람에게 안전하다는 평가를 받아야 한다. 이런 과정을 거쳐 하나의 신약이 탄생하기까지는 평균 14.2년의 기간과 8억 달러의 비용이 든다고 한다.

신약개발이 오래 걸리는 이유 중 가장 큰 이유가 임상실험이다. 신약개발을 할 때 처음부터 사람에게 실험을 하는 것이 아니라 동물 실험을 하게 된다. 동물에서 어느 정도 효능이 있어서 사람에게 임상실험을 해도 되겠다 싶으면 사람을 대상으로 한 임상실험 허가를 받아야하고 사람을 대상으로 한 임상실험의 기간도 오래 걸리는 것이 대부분이다. 부작용은 없는지 잘 살피고 시중에 유통해도 된다는 승인을 받아야 시중에 유통되는 것이다.

바이오신약개발전문가란?

새로운 질병을 치료할 의약품을 개발한다. 신약 개발은 사회에 미치는 효과가 대단히 클 뿐만 아니라, 여러 분야가 합쳐진 대표적인 융합 분야이기 때문에 고용 창출 효과가 크다.

"신약개발에 인공지능 적극 활용" 기간·비용 대대적 단축

15년 걸리던 신약 개발 기간이 3년 이하로 줄어들 수 있을 것 같다. 인공지능 기술 덕분이다. 인공지능을 활용하면 신약개발에 드는 시간과 비용을 절감할 수 있다. 또 인공지능을 활용하면 임상 실패율도 줄어든다. 실제 일부 제약회사들은 인공지능 기업과 협업하거나 자체 인공지능 플랫폼 구축에 적극 나서고 있다. 인공지능으로 신약 약효에 도움이 되는 또 부작용 데이터를 분석하여 신약 개발 효율성을 높이고 있다.

줄기세포

줄기 세포는 아직 분화가 되지 않아 다른 세포로 분화될 수 있는 세포를 말한다. 줄기 세포로 근육세포, 뉴런, 피부 등을 만들 수 있다. 미분화 세포로 스스로 계속 분열하면서 몸을 구성하는 여러 기관이나 조직 세포로 분화할 수 있다. 줄기 세포는 제 기능을 못하는 세포나 장기를 대체할 수 있어 난치병에 줄기 세포를 이용하려는 연구가 활발하다.

줄기세포는 사람의 몸을 구성하는 220여 가지의 세포를 만들 수 있는 세포이다. 혈액 세포, 뼈세포, 연골 세포, 근육 세포, 피부 세포 등 모양과 기능이 각기 다른 세포를 만드는 어미 세포라고 할 수 있다. 줄기세포는 배아에서 얻어낸 것과 성장한 체세포를 이용한 것이 있다. 배아에서 얻은 세포는 분화 능력이 뛰어나 원하는 조직과 장기로 키우는 데 유리하다. 하지만 만들기도 어렵고, 만드는 데 여성의 난자가 필요해 윤리적인 문제가 있다. 그래서 성장한 체세포에서 줄기세포를 얻으려는 연구가 활발하게 이뤄지고 있다.

줄기세포를 어떻게 키우느냐에 따라 여러 기능의 조직을 만들 수 있다. 일부 연구자들은 줄기세포를 키워서 심장, 간, 췌장 등의 장기를 만들 수 있을 것이라고 한다. 그러나 아직까지는 줄기세포를 여러 세포로 분화시키는 것이 쉽지 않다. 현재 줄기세포 연구는 심장마비로 상한 심장 조직 치료, 파킨슨병이나 알츠하이머병 같은 뇌의 질병 치료, 혈당을 조절하는 치료에 집중되고 있다.

난치성 질환의 치료에 대한 줄기세포 치료의 관심이 여전히 높다. 실제로 줄기세포를 이용한 치료는 백혈병을 비롯한 혈액질환에서 임상적으로 이용되고 있으며 뇌졸중과 다발성경화증(만성 신경면역계질환)에서 치료가 시도된 바 있다. 이외에도 척수손상이나 여러 종류의 신경퇴행성 질환에 대한 실험적 연구가 국내외에서 활발하게 이루어지고 있다.

3D 바이오 프린팅으로 만든 인공장기 이식

인공장기는 인공적으로 제작한 장기로, 바이오 인공장기와 전자기기 인공장기로 구분된다. 현재 인공 피부·연골·혈관·뼈와 같은 임플란트 성 인공장기가 상품화되었지만, 신장과 간장 등 인공장기 개발은 대부분 연구단계에 그치고 있다.

인공장기는 유전자가 일치하는 기증자를 찾기 어려운 응급환자를 중심으로 전자기기 인공장기의 이식 사례가 확대될 것으로 보인다. 기술이 발전하면 **3D** 바이오 프린팅 기술 및 바이오 잉크를 이용하여 인간의 장기와 유사한 크기와 기능을 갖춘 인공장기를 제작하고, 면역 거부반응 없이 이식하는 시대가 올 것이다.

인공광합성과 스마트 팜

자연의 선물 인공광합성

우리가 흔히 알고 있는 광합성은 햇빛을 받아 물과 이산화탄소를 포도당으로 전환하는 시스템으로, 식물이 생명을 유지하는 방법으로 알려져 있다. 인공광합성은 이러한 광합성을 모방하는 화학공정이다. 이 또한 태양에너지를 이용하여 청정에너지인 수소나 고분자 화합물 등을 만들어 낼 수 있어 '21세기 연금술'이라는 별명도 얻었다. 인공광합성은 자연광합성을 모방하여 햇빛과 이산화탄소만으로 화학제품과 에너지를 생산할 수 있다. 인공광합성은 빛으로 연료를 만들기 때문에 저장과 운반이 쉽다.

현재 가장 각광받고 있는 에너지가 태양 에너지다. 과학자들은 태양광 에너지의 10% 정도만 에너지로 변환해 활용할 수 있다면 인류 전체의 모든 에너지 소비를 감당할 수 있다고 한다. 태양광 에너지를 이용하는 각종 기술 가운데 최근 들어 가장 주목받는 기술이 인공광합성이다. 미래에는 유한한 자원인 석탄 대신 햇빛과 이산화탄소만으로 에너지를 만드는 인공광합성 공장이 주 에너지원이 될 것으로 전망된다. 인공광합성을 이용하면 기존의 방식보다 친환경적이고 저렴하게 제품을 생산할 수 있게 되므로 인공광합성 기술이 빠르게 확산될 것으로 보인다.

스마트 팜(smart farm)

농업, 임업, 축산업 등에서 정보 통신 기술(ICT)을 접목한 시스템 이다. 정보통신기술을 이용하여 농작물, 가축 및 수산물 등의 생육 환경을 적정하게 유지, 관리하고, PC와 스마트폰 등으로 원격으로 관리할 수 있어 생산의 효율성뿐만 아니라 편리성도 높일 수 있다.

노동력과 에너지를 효율적으로 관리함으로써 생산비를 절감할 수 있다. 예를 들면, 기존에는 식물에 관수할 때 직접 밸브를 열고 모터를 작동해야 했다면, 스마트 팜에서는 전자밸브가 설정 값에 맞춰 자동으로 관수를 한다. 또한, 스마트 팜은 농·림·축·수산물의 상세한 생산 정보 이력을 관리할 수 있어 소비자 신뢰도를 높일 수 있다.

스마트 팜은 농촌 고령화와 인구 감소로 인해 노동력이 부족한 현실을 보완하기 위해 개발되어 직접적인 노동 인력 없이도 자동으로 농작물을 관리할 수 있다는 장점이 있다. 또 기존의 비닐하우스 보다 10배 정도 생산성을 향상할 수 있고 난방비, 자재비 등의 비용 절감 및 안정적인 수익 창출이 가능하다고 알려져 있다.

바이오 에너지

바이오매스(biomass)를 연료로 하여 얻어지는 에너지로 바이오매스 에너지라고도 한다. 에너지 대상이 되는 생물체를 총칭하여 바이오매스라고 한다. 원래 살아 있는 동물·식물·미생물을 의미하지만, 산업계에서는 유기계 폐기물도 바이오매스에 포함한다. 바이오에너지의 대상이 되는 주요 자원으로는 초본식물, 수생식물, 해조류, 조류(藻類), 광합성세균 등이 있다. 폐기물, 도시 쓰레기 등도 연료화할 수 있다.

바이오매스를 에너지원으로 이용하면 에너지를 저장할 수 있고, 재생이 가능하며, 물과 온도 조건만 맞으면 지구 어느 곳에서나 얻을 수 있다. 저장이 용이하고 적은 자본으로 개발이 가능하다. 안전하며 친환경적이고 폐기물의 양을 효율적으로 줄일 수 있다.

유망직업

• **신약 개발 연구원**

새로운 의약품을 연구, 개발한다. 생물학 및 자연과학 전반에 대한 지식이 있어야 한다. 장시간의 실험과 분석을 견뎌낼 수 있는 인내심과 꼼꼼함, 세밀함이 요구된다. 생명체와 생명현상에 관심과 열정을 가지고 있어야 한다.

신약 개발 연구원이 되려면 대학교에서 생물학, 생명과학, 화학, 생화학, 약학, 유전공학, 유기화학 등 전공이 유리하다. 제약회사, 생명과학연구소, 신약개발기업 등에 진출할 수 있다.

• **종 복원 전문가**

멸종되었거나 멸종 위기에 놓인 생명체를 다시 살려 내거나 사라지지 않도록 보존한다. 인간의 무분별한 개발과 환경 파괴로 인해 멸종 위기에 놓인 야생 동식물의 서식지를 보호하고 관리하는 사람들이다.

종 복원 전문가가 되기 위해서는 수의학, 축산학, 동물 자원학, 생물학, 유전공학 등을 전공해야 하며, 동물들의 특성에 대한 지식을 갖추어야 한다. 강인한 체력과 인내심, 동물에 대한 애정과 관심도 필요하다. 활동 분야는 연구소, 정부기관 등이 있다.

• 인공광합성 전문가

식물의 광합성을 모방하고 응용하여 제품과 에너지를 생산할 수 있도록 한다. 인공 광합성 전문가는 화학공학, 생명 공학 전공자가 유리하며 생물 합성 관련 연구 제조업 또는 제약업체로 진출 가능하다.

• 휴먼 마이크로바이옴(human microbiome) 전문가

휴먼 마이크로바이옴(human microbiome)이란 인체에 존재하는 미생물 유전자를 이루는 유전체 모두를 일컫는 말이다.

피부와 점막을 비롯해서 인체의 표면은 온통 미생물로 덮여 있다. 이렇게 우리 몸에 살고 있는 미생물을 통틀어 휴먼 마이크로바이옴이라고 한다. 인간미생물체에게 우리의 몸은 집이자 식량 공급원이다. 이들은 본능적으로 자기 삶의 터전에 외래 미생물(세균, 바이러스)이 접근하지 못하도록 한다. 휴먼 마이크로바이옴(human microbiome)은 인체와 공생하는 미생물에 대한 유전정보를 가지고 질병과의 관련성을 규명하는 기술이다. 현재 비만이나 당뇨 같은 대사성 질환뿐만 아니라 면역질환 및 신경계질환

같은 질병의 치료제 개발에 활용되고 있다.

휴먼 마이크로바이옴(human microbiome) 전문가가 되려면 생명공학, 화학공학을 전공하고 더불어 컴퓨터에 대한 이해도 요구된다. 신약 개발을 포함한 바이오 및 헬스케어 분야로 진출이 가능하다.

• 암 진단 및 예측 바이오마커(biomarker) 전문가

체액에 존재하는 DNA나 세포 등의 물질로부터 암 발생과 전이를 진단하고 예측한다. 최근 들어서는 표적치료 및 면역치료 분야에서 맞춤형 처방을 위한 용도로 많이 활용되고 있다. 의학, 생명공학, 화학공학 및 컴퓨터에 대한 활용능력이 따라야 한다. 신약개발 제약업체, 병원으로 진출할 수 있다.

• 세포검사 기사

환자들의 세포를 채취하여 다양한 방법으로 검사하고 분석한다. 세포검사는 암 발견과 호르몬 관련 분야에 매우 효과적인 방법으로 활용되고 있다.

세포검사 기사가 되려면 화학, 생물학, 임상병리학을 전공하거나 관련 전문교육을 받아야 한다. 우리나라에서는 아직 임상병리사와 업무 영역이 구분되지 않아 임상병리사 자격증을 취득해야 한다. 세포검사 기사는 주로 대학병원이나 종합병원의 임상병리실, 대

학이나 전문 연구소에서 일한다. 병원 및 의과학 관련 연구기관에 진출할 수 있다.

• 면역세포 치료 전문가

환자의 면역세포를 분리하여 암세포를 제대로 공격할 수 있도록 활성화시키고, 이를 다시 주입하여 치료효과를 얻는 기술이다. 면역세포 치료는 기존 항암치료법의 부작용을 줄이는 대안으로 주목받고 있다. 유전 공학, 생명 공학, 화학, 의학 전공하여야 하고 병원 및 의과학 관련 연구기관에 진출할 수 있다.

• 혁신 신약 개발자

인공지능·빅데이터를 활용한 신약 개발에는 과학기술이 총 집약되어야 하기 때문에 고급 인력의 고용 창출 효과가 특히 크다. 아직까지 한국의 신약 개발 환경은 척박하지만 앞으로의 개발 환경은 좋아질 것이라 보인다.

약학, 생명공학, 의과학, 화학 공학 관련 전공자가 유리하며 컴퓨터에 대한 활용능력이 따라야 한다. 신약개발 제약업체 및 병원에 진출할 수 있다.

07

빅데이터 관련 기술

빅데이터 관련 기술

빅데이터란 디지털 환경에서 생성되는 데이터로 그 규모가 방대하고, 생성 주기도 짧고, 형태도 수치 데이터뿐 아니라 문자와 영상 데이터를 포함하는 대규모 데이터를 말한다. 기존 데이터에 비해 그 크기가 너무 커서 일반적인 방법으로는 수집하거나 분석하기 어렵다. 인터넷, 카카오톡, 페이스북, 트위터 등을 통해 오가는 모든 메시지, 이미지, 그리고 영상 등을 포함한다.

최근에 유례가 없을 만큼 많은 양의 데이터가 생산되고 있다. 소셜미디어 SNS에서 사람들이 인터넷을 사용한 후 남겨놓은 디지털 푸트프린트에 이르기까지 수많은 정보들이 매일같이 축적되고 있다. 이 같은 빅데이터의 팽창은 거의 사회 전 분야에 걸쳐 과거에는 불가능했던 일을 가능하게 하고 있다.

다양한 형태의 플랫폼을 통해 이전에 볼 수 없었던 빅데이터 시스템이 대거 등장하면서 공공 부문에서는 보건·복지·화폐 등 정책 관련 각 분야에서, 산업 부문에서는 에너지·금융·로봇 등의 신산업 분야에서 빅데이터의 비중이 더 커질 것으로 예상된다.

빅데이터 시대

바야흐로 '빅데이터(Big Data)' 시대다. 그러나 빅데이터는 어마어마하게 많은 양의 데이터만을 의미하지 않는다. 디지털 환경에서 기하급수적으로 늘어나는 빅데이터는 규모가 방대하고 데이터 생성 주기도 짧고 데이터 속도는 빨라지고 있다. 문자와 영상, 그림, 음악까지 데이터 종류도 다양해지고 있다. 이를 통해 사람들의 행동은 물론 위치정보와 SNS를 통해 생각과 의견까지 분석하고 예측할 수 있다.

전문가들은 '빅데이터'를 "정보화 사회의 원유(Oil)"에 비유하고 있다. 기름이 없으면 기계가 작동하지 않듯, 기름이 없으면 부가가치가 높은 각종 제품을 만들어내지 못하듯, 디지털시대에 빅데이터만큼 중요한 자산은 없다는 것이다.

빅데이터 사례

쇼핑의 예를 보면, 과거에는 상점에서 물건을 살 때만 데이터가 기록되었다. 반면 인터넷쇼핑몰의 경우에는 구매를 하지 않더라도 방문자가 돌아다닌 기록이 자동적으로 데이터로 저장된다. 어떤 상품에 관심이 있는지, 얼마 동안 쇼핑몰에 머물렀는지를 알 수 있다.

쇼핑뿐 아니라 금융거래, 교육과 학습, 여가활동, 자료검색과 이

메일 등도 데이터로 저장되고 있다. 블로그나 SNS에서 유통되는 정보는 내용을 통해 글을 쓴 사람의 성향뿐 아니라, 소통하는 상대방의 연결 관계까지도 분석이 가능하다.

주요 도로와 공공건물은 물론 심지어 아파트 엘리베이터 안에까지 설치된 CCTV가 촬영하고 있는 영상 정보의 양도 상상을 초월할 정도로 엄청나다. 그야말로 일상생활의 행동 하나하나가 빠짐없이 데이터로 저장되고 있는 셈이다.

민간 분야뿐 아니라 공공 분야도 데이터를 양산 중이다. 센서스를 비롯한 다양한 사회 조사, 국세자료, 의료보험, 연금 등의 분야에서 데이터가 생산되고 있다.

빅데이터 환경

다양하고 방대한 규모의 데이터는 미래 경쟁력의 우위를 좌우하는 중요한 자원으로 활용될 수 있다. 기업은 보유하고 있는 고객 데이터를 활용해 마케팅 활동을 활성화하는 고객관계 관리 활동을 1990년대부터 시작했다.

이러한 고객분석은 빅데이터 시대를 맞이해 전환점을 맞고 있다. 빅데이터 기술을 활용해서 과거와 비교가 안 될 정도의 대규모 고객정보를 빠른 시간 안에 분석할 수 있다. 트위터와 인터넷에 생성되는 기업 관련 검색어와 댓글을 분석해 자사의 제품과 서비스에 대한 고객 반응을 실시간으로 파악하고 있다.

빅데이터 플랫폼

기업들은 빅데이터 플랫폼을 사용하여 빅데이터를 수집, 저장, 처리 및 관리할 수 있다. 빅데이터 플랫폼은 빅데이터를 분석하거나 활용하는 데 필요한 필수 인프라인 셈이다. 인공지능의 시대가 도래하면서 그 어떤 권력보다 빅데이터를 많이 가진 사람의 권력이 막강하다. 앞으로는 데이터를 가진 사람의 시대가 온다.

구글이 왜 공짜로 검색을 하게 해주고 이메일을 쓰게 해줄까? 유튜브, 페이스북, 인스타그램, 카카오톡에서 일어나는 여러분의 검색 하나, 글 하나가 그들에게 돈이 되기 때문이다. 데이터를 가진 사람은 자신이 수집한 데이터를 잘 가공해 100배, 1000배 이상의 가치를 실현해낼 수 있다. 데이터를 가진 자와 못 가진 자의 차이는 더욱 커질 수밖에 없다.

빅데이터 활용

지금은 어느 때보다 많은 데이터가 만들어지고 있다. 빅데이터는 눈으로는 도저히 보이지 않는 세상의 변화와 흐름을 볼 수 있게 해

준다. 불확실한 미래 앞에서 빅데이터는 세상의 변화와 방향을 감지해 낸다. 빅데이터를 분석하면 객관적인 의사결정을 할 수 있다.

하루에도 엄청난 양의 데이터가 쏟아지고 있는데 빅데이터는 그 속에 숨어 있는 수많은 이야기와 가지 있는 정보를 제공하고 보이지 않는 것을 볼 수 있도록 도와준다. 하지만 이 빅데이터가 우리를 공격하고 비난하는 무서운 무기가 되기도 한다. 빅데이터 속에는 나의 평판도 들어 있다. 나도 모르는 나의 비밀을 빅데이터는 알고 있다. 나의 생각, 태도와 행동, 강점과 약점 모든 것이 빅데이터 속에 있는 것이다.

나의 개인 블로그에 가면 지금까지 살아온 나의 과거와 현재 스토리가 있으며 미래에 어떻게 살아갈지도 예측할 수 있다. 내가 보낸 메일과 카톡 안에는 나의 생각과 아이디어, 상대방에 대한 나의 감정들이 남아 있다. 통신회사는 마음만 먹는다면 내가 어느 날 누구와 통화했는지, 어느 장소에 갔었는지도 알 수 있다. 신용정보회사는 내가 신용불량자인지 신용우수자인지 알고 있으며, 내가 자주 가는 병원은 내 몸이 언제 어떻게 아팠는지 어느 질병으로 문제가 될 것인지 알 수 있다. 정부는 내가 우수 납세자인지, 세금 체납자인지 알고 있으며, 어디에 살고 있고 어디로 이사했는지 알고 있으며, 어느 날 어떤 지하철을 타고 어디로 갔는지도 알 수 있다.

기업의 마케팅 담당자는 내가 어느 날 어느 백화점에서 어떤 물건에 관심을 보였는지, 어떤 상품에 관심 있는지 알 수 있다. 내가 모르고 지나치거나 내가 모르는 정보를 누군가 알고, 나를 평가하고 나를 공격하거나 할 수도 있다. 구직 지원자의 블로그나 홈페이지를 몰래 열람하고, 친구나 연인 혹은 동료의 사적 정보를 인터넷으로 캐는 일이 점차 많아지고 있다. 전 세계가 네트워크로 연결되어 인터넷 세상에 조직도 개인도 그 누구도 더 이상 숨을 곳이 없어진 시대다. 많은 정보가 인터넷을 타고 전보다 더 자유롭게 유통되면서 이전에 우리가 경험하지 못했던 방식으로 소통하며 아이디어를 공유한다. 즉 기업은 판매 자료를 분석해 고객의 성향을 파악하고 이에 맞춰 상품 생산과 마케팅 전략을 세울 수 있다.

사실 우리가 인지하지 못하는 사이 빅데이터는 이미 예전에 불가능했던 많은 일을 해내고 있다. 구글은 미국 질병관리본부보다 앞서 특정 지역의 독감 유행을 예고하기도 했고, 속옷업체 와코루(Wacoal)는 수십 년간 축적한 여성의 체격에 관한 데이터를 제품 개발에 활용하고 있다. 세계는 새롭게 부상한 빅데이터를 선점하기 위하여 박차를 가하고 있다.

빅데이터 활용 사례

기업 사례

빅데이터 활용의 선두 주자는 기업이다. 기업에서는 빅데이터를 활용하여 특정 상품의 수요를 예측하고 그에 따라 생산을 계획한다. 특히 검색과 전자상거래 기업은 방대한 고객 데이터를 분석해 다양한 마케팅 활동을 하고 있다. 현대 사회에서 데이터의 중요성이 점점 커지고 있다. 데이터는 돈이고 권력이다. IT 업계를 이끌고 있는 구글, 아마존, 페이스북 등의 기업들은 서비스를 제공 하면서 얻은 각종 데이터를 이용해 큰 수익을 얻고 있다. 이 외에도 수많은 기관과 기업들이 각종 데이터를 적극적으로 수집하고 있으며 이를 활용하여 마케팅에 활용하거나 서비스를 제공하고 있다.

인공지능은 빅데이터가 기반이 되어야만 만들 수 있다. 인공지능은 데이터가 밥이다. 지능정보산업을 활성화하기 위해서는 데이터 자원이 풍부해야 하는데 인공지능에서 가장 중요한 부분은 바로 빅데이터이다.

기업들이 트위터와 인터넷에 떠도는 자신들의 회사 관련 검색어와 댓글을 분석하는 것은 기본 업무다. 자사제품과 서비스에 대한 고객 반응을 실시간 파악해 즉각 대처하는 것도 일상적인 일이다. 온라인몰 등 쇼핑업계와 카드사들은 구매이력 정보와 위치기반 서비스(GPS) 등을 결합해 근거리 맛집 등 소비자가 원하는 정보를 제공한다. 2009년 전염병 신종 플루가 세계로 퍼졌을 때 구글은 이 병을 일으키는 바이러스와 관련해 가장 많이, 자주 검색하는 단어와 위치정보를 분석하여 신종 플루의 확산을 정확하게 예측했다. 구글이 미국 정부보다 2주나 앞서 예측하였다.

공공활용 사례

공공 부문도 위험관리시스템, 탈세 등 부정행위방지, 공공데이터 공개 정책 등 빅데이터를 활용하기 위해 다양한 노력을 하고 있다. 정부와 공공기관 입장에서 빅데이터는 시민이 요구하는 서비스를 제공하는 데 도움이 된다. 서울시 심야버스의 경우 자정 이후 가장 붐비는 택시노선 데이터를 분석하고 버스애플리케이션에 활용해 호응을 얻었다. 경찰청은 범죄유형에 따른 위험도를 분석해 범죄율을 줄이는 효과를 봤다. 기상 예측은 빅데이터를 오래전부터 사용한 분야이다. 기상청은 정확한 예보를 위해 빅데이터를 활용하여 호우, 풍랑, 강풍, 한파 등 위험기상 예측 프로그램을 제공하고 있다.

또 빅데이터를 활용하는 대표적인 것이 네비게이션이다. 지도의 정보와 실시간 교통정보를 반영하여 최적의 경로로 안내한다. 빅데이터를 활용하여 명절 고속도로 교통량, 휴가철 해외여행 추이도 예측할 수 있다. 교통정책 수립에도 빅데이터를 이용한다. 이렇듯 IT 기술 중에서도 단연 주목 받고 있는 것은 빅데이터이다.

빅데이터를 활용한 의료분야

의료 데이터의 80%는 여러 군데에 분산된 데이터이고 치료에 관련된 정보다. 의료기관은 환자에 대한 모든 정보를 취합하고 분석하여 환자 치료에 활용할 수 있다. 의료 관련 데이터는 복잡성과 양적인 측면에서 엄청난 속도로 증가하고 있다. 환자의 의료 데이터는 개인 서비스를 제공하기 위해 활용되며 빅데이터를 활용하여 올바른 의사 결정을 할 수 있다.

데이터는 의료 분야에서 질병의 조기 발견을 위해서도 활용되고 있다. 빅데이터를 분석하여 환자들의 유사성을 발견할 수 있다. 의료분야에서 빅데이터 기법의 활용은 메르스나 코로나 같은 전염병 사태를 미리 방지할 수 있는 또 다른 해법이 될 수 있다.

빅데이터 활용한 개인맞춤형 의료 기술

빅데이터를 활용하여 같은 병을 앓는 환자들 치료를 분석하면 부작용이 가장 적은 치료법을 찾을 수 있고 같은 병을 앓는 사람의 유전자를 분석하면 발병 확률이 높은 질환을 알아낼 수 있다. 이를 통해 병을 예방할 수 있고 응급 상황일 때 빠른 의료 서비스를 받을 수 있다.

의료 플랫폼과 의료 빅데이터 전문가

맞춤형 의료서비스를 위해서는 축적된 빅데이터가 필요하다. 이러한 빅데이터를 분석하고 활용하기 위해서는 플랫폼을 필요로 한다. 현재는 의료, 빅데이터 각각의 전문가는 많으나, 서로 융합시킬 수 있는 전문가는 부족하다. 데이터를 관리하고 의료지식도 풍부한 통합적 지식을 갖춘 인력을 필요로 한다. 환자맞춤형 의료서비스를 제공하는 세계 의료분야는 2025년이 되면 그 규모가 147조 원 규모에 이를 것으로 예상된다.

유망직업

• 빅데이터 전문가

빅데이터를 분석하여 도움이 되는 정보를 제공한다. 빅데이터 전문가는 정보통신기술(ICT) 분야의 직업인 컴퓨터 시스템 설계 분석가, 시스템 소프트웨어 개발자, 응용 소프트웨어 개발자 등의 직업과 관련성이 높다.

빅데이터 전문가는 오랜 시간이 걸리는 분석 과정을 견뎌내기 위한 끈기와 꾸준히 공부하는 자세가 필요하다. 데이터 속에서 새로운 가치를 만들어 내야 하기 때문에 통계적인 이론과 복잡한 프로그램에 대한 이해력뿐만 아니라 다양한 관점에서 문제를 볼 줄 알아야 한다. 빅데이터 전문가가 되기 위해서는 대학에서 통계학 또는 컴퓨터공학, 산업공학 등을 전공하면 도움이 된다.

빅데이터 전문가는 대기업의 빅데이터 관리 부서나 마케팅 부서, 인터넷 포털 업체, 및 데이터 분석 전문 업체 등에 취업할 수 있다. 빅데이터 분야는 새로운 기술들이 발전하는 분야이기 때문에 전문성 향상을 위해 최신 기술과 경향을 지속적으로 파악해야 한다. 통계학, 컴퓨터과학, 머신러닝(기계학습) 등 기본적인 분석에 대한 이해뿐만 아니라 프로그래밍 실력이 필요하다.

• 빅데이터 분석가

기업이 가진 빅데이터를 저장, 처리, 분석하는 업무를 보는 전문가이다. 빅데이터에서 목적에 따라 유용한 정보를 추려 제품 또는 서비스를 개선하는 업무를 맡는 전문가로 빅데이터 분석가(big data analyst), 데이터 과학자(data scientist)라고도 부른다.

사람들의 행동패턴 또는 시장의 경제상황 등을 예측하며 새로운 부가가치를 창출하기 위해 대량의 빅데이터를 관리하고 분석한다. 국내 빅데이터 분석가들은 대기업 또는 검색 포털사이트 등 IT 업체, 전문 데이터분석 업체 등에서 활동하고 있다. 빅데이터 분석가가 되려면 대학에서 통계학이나 컴퓨터 공학, 기계공학 등을 전공하면 도움이 된다.

• 전략 컨설턴트

데이터를 분석하여 기업의 사업 전략이나 마케팅 전략, 인사 및 조직 관리, 재무 및 회계 관리, 생산 및 품질 관리 등 전반적인 기업 경영 전략을 수립하고 컨설팅하는 일을 한다. 경영 컨설턴트 직무 중에서 고급 수준의 영역이다. 어떤 일을 계획하고 실행하기 위해 전문가에게 어떻게 해야 가장 효율적으로 성공할 수 있는지, 문제 발생시 어떻게 해결해야 하는지를 구체적으로 조언을 구하는 것이다.

전략 컨설턴트는 각 회사와 부서의 특징에 맞는 컨설팅에 필요한 지식을 갖추어야 한다. 회사에서 우수한 기획 인력을 대규모로 운용하려면 비용이 너무 많이 든다. 또한 회사 인력만을 고집하면 제한된 시야를 가질 수 있다. 그래서 흔히 전략이나 상황판단 전문가들이 모인 기관에 의뢰를 하는데 바로 그 기관이 전략컨설팅 기업이다. 전략 컨설턴트의 경우 학부 전공은 상관이 없다.

• 공간 빅데이터 전문가

도로나 건물 등 기본적인 공간 정보에 위치 정보를 결합하는 일을 한다. 내비게이션 길 찾기나 실시간 버스 정보 안내 시스템 등에 활용된다. 빅데이터 분석 결과를 쉽게 이해할 수 있도록 도표나 그림 등 시각적 수단을 통해 정보를 효과적으로 전달하는 일을 한다.

08

클라우드
관련 기술

클라우드

예전 직장인과 대학생의 필수품이던 USB메모리를 쓰는 사람을 요즘은 찾아보기 힘들다. 클라우드를 기반으로 한 무료저장소가 대중화되었기 때문이다. 클라우드 컴퓨팅이란 이처럼 웹상으로 연결된 컴퓨터와 모바일 기기로 정보를 처리하는 기술이다. 데이터를 인터넷과 연결된 중앙컴퓨터에 저장해서 인터넷에 접속하기만 하면 언제 어디서든 데이터를 이용할 수 있는 것이다.

컴퓨터 파일을 저장할 때 작업한 컴퓨터에 저장하는 것이 아니라 인터넷으로 중앙 컴퓨터에 저장할 수 있는데 이 공간을 클라우드라고 한다. 클라우드를 이용하면 작업한 컴퓨터에서만 자료를 불러올 수 있는 것이 아니라 마치 여러 장소에서 동일한 구름을 관찰할 수 있듯이, 언제 어디서나 필요한 자료를 불러올 수 있다.

장점

학교 수업 시간에 발표해야 하는 자료를 집에서 만들었다. 집에 있는 컴퓨터로 작업했지만, 준비한 파일을 클라우드에 올려 놓으면 학교에 있는 컴퓨터로 바로 자료를 열어 볼 수 있다. 스마트폰을 통해서도 클라우드 접속이 가능하다. USB는 스마트폰과 자료를 주고받을 수 없지만 클라우드는 가능하다.

또한 저장할 수 있는 공간도 USB와 같은 저장매체보다 훨씬 크기 때문에 동영상, 사진, 문서 등 파일의 형태를 가리지 않고 대용량의 파일들도 저장할 수 있다. 다른 장치나 기기 없이 웹에 저장했기 때문에 언제 어디서든, 인터넷이 가능한 곳이라면 저장한 파일을 불러올 수 있다는 것은 클라우드만의 최대 강점이다.

이와 같은 클라우드 기술이 발전하기 전까지는 작업한 컴퓨터에만 파일을 저장하거나 저장 매체를 따로 이용했기 때문에 저장한 것을 보기 위해서는 작업한 컴퓨터나 저장매체를 통해서만 볼 수 있었다. 하지만 이제는 높은 구름에 저장하는 클라우드의 시대가 열렸다. 인터넷만 가능하다면 언제, 어디서든지 찾아볼 수 있는 구름인 것이다.

최근 4차 산업혁명이 진행되면서 빅데이터와 인공지능 기술을 도입하기 위해 클라우드를 쓰는 사례도 늘어나고 있다. 다양한 데이터를 클라우드에 집중시켜야 데이터를 분석하고 활용할 수 있기 때문이다. 주요 국가들은 이미 클라우드를 농업처럼 끝까지 보호해야 할 산업으로 분류하고 있으며, 클라우드 컴퓨팅은 4차 산업혁명의 핵으로 떠오르고 있다.

클라우드 활용

우리 앞에 놓인 컴퓨터나 스마트폰은 단지 서버에 접근하고 내용을 볼 수 있는 단말기 역할만 할 뿐이다. 스마트폰, PC, 태블릿 등 단말기 종류에 관계없이 접근이 가능한 것도 커다란 장점이다. 노트북 PC에서 작업을 하던 중, 침대에 누워서 잠시 쉬면서 스마트폰으로 같은 작업을 계속할 수 있다. 특히 조별 과제가 있을 때, 클라우드 환경은 큰 장점이 있다. 하나의 파일을 공유한 상태로 같은 조의 친구들이 실시간으로 문서 작업을 함께 할 수 있다.

네이버나 구글에서는 엄청난 규모의 자료를 보관하는 데이터 센터가 있는데 우리가 클라우드에 저장한 파일은 그곳에 위치한 서버에 저장된다. 또한 데이터를 관리하기 위한 소프트웨어도 내컴퓨터나 스마트폰에 설치할 필요 없이 서버상에 설치하여 사용할 수 있다. 클라우드 서비스를 제공하는 업체는 많은 이용자들의 데이터를 보관하므로, 서버의 보안 관리를 철저히 하고 있다.

유망직업

• 클라우드 시스템 엔지니어

언제 어디서나 필요할 때 편리하게 사용할 수 있도록 인터넷의 서버에 각종 컴퓨터 프로그램을 올려놓고 여러 이용자들이 인터넷에 접속하여 데이터를 저장하고 처리할 수 있는 기술을 개발한다. KT, 네이버, 아마존과 같은 세계적인 클라우드 기업이나 정보통신 시스템 통합업체, 시스템 개발 업체의 개발자, 기업의 시스템 관리자, 전산직 공무원 및 공공 기관 전산직 등에서 일할 수 있다. 클라우드 시스템 엔지니어가 되기 위해서는 IT 관련 컴퓨터공학을 전공하여 업무에 대한 지식을 쌓는 것이 좋다. 클라우드 시스템 분야는 새로운 기술들이 꾸준히 등장하고 있기 때문에 전문성을 높이기 위해 여러 분야에 대한 폭넓은 지식이 필요하다. 또한 최신 기술의 흐름이나 유행을 이해하기 위해 꾸준히 노력해야 한다. 이전에는 인터넷에 접속할 수 있는 방법이 PC를 사용하는 것 한 가지밖에 없었지만, 지금은 매우 다양한 기기들로 인터넷에 접속할 수 있는 시대가 되었다. 이제는 미국의 FBI와 같은 국가정보기관도 클라우드를 사용하고 있다. 국내에서도 대기업과 공공기관을 중심으로 클라우드 시스템을 본격적으로 업무에 활용하고 있으며 앞으로 더욱 많은 분야에서 활용될 것으로 예상된다.

09

3D 프린팅

개인맞춤형 생산 시대, 3D 프린팅

3D프린팅은 프린터로 물체를 뽑아내는 기술을 말한다. 종이에 글자를 인쇄하는 기존 프린터와 비슷한 방식으로, 다만 입체 모형을 만드는 기술이라고 하여 3D프린팅이라고 부른다. 3D 프린팅은 제품 형상을 디지털로 스캔·설계한 후, 다양한 소재를 얇은 층으로 여러 겹 쌓아 올리는 방식으로 입체 구조물을 제작하는 기술이다.

보통 프린터는 잉크를 사용하지만, 3D프린터는 플라스틱을 비롯한 경화성 소재를 쓴다. 기존 프린터는 문서나 그림파일 등 평면으로 자료를 인쇄하지만, 3D프린터는 입체도형을 찍어내는 방식이다. 적게는 한 두 시간에서 길게는 십여 시간이면 3D프린터에 입력한 모형을 완성할 수 있다.

실제 사물을 찍어내는 3D 프린팅은 기존의 생산 방식에서 벗어나 어떤 제품이던 만들 수 있고, 재료를 다듬기 위한 특별한 공정이나 재료를 유통하는 데 필요한 과정도 적기 때문에 사람들은 3D 프린팅을 또 다른 산업 혁명이라고 부르고 있다. 3D 프린팅 기술은 제4차 산업혁명 시대에 제조업의 혁신을 이끌 기술로 주목받고 있다.

3D 프린팅 활용

종이를 인쇄하듯 3차원 공간 안에 실제 사물을 인쇄하는 3D 기술은 의료, 생활 용품, 자동차 부품 등 많은 물건을 만들어낼 수 있다. 3D 프린터 안에는 잉크 대신 플라스틱, 나일론, 금속 등 입체 도형을 만들 수 있는 재료가 들어가 있다.

3D 프린팅은 첨단 과학 분야에서 빛을 발한다. 영국 케임브릿지 대학에서는 2017년 3월에 3D 프린터 인쇄한 골격과 줄기세포를 합성해 배아를 만드는 데 성공했다. 음식 조리 3D프린터는 이미 상용화가 되었다. 쿠키 반죽을 인쇄하여 쿠키를 구워 주거나 액체 상태인 초콜릿을 인쇄해 초콜릿을 만들어 준다. 대만의 3D프린터 전문 업체에서 개발하였다.

미국 자동차 업계는 3D프린팅 기술의 가능성을 가장 먼저 알아보았다. 1990년대 말부터 부분적으로 도입된 3D프린팅 기술은 현재 유럽과 미국 대부분의 자동차 업체에서 널리 쓰이고 있다. 항공기 업체 보잉은 2012년 2만 개 이상의 비행기 부품을 3D프린터로 제작했다고 한다. 이 부품들은 모두 실제 기체에 쓰였다.

이렇듯 세계적으로는 다양한 재료를 활용한 3D 프린팅 기술이 개발되면서 건축 분야, 자전거·자동차·항공기 등 제조 분야, 인공

뼈·인공관절·치아 보형물 등 의료분야의 일부 제품을 3D 프린팅 제품으로 대체하고 있으며, 분야가 계속 확장하고 있다.

3D 프린팅 자동차

3D 프린팅 기술

고대 그리스의 연금술은 물, 공기, 불, 흙 등 4가지의 구성비만 알면 원하는 물질을 마음대로 만들 수 있다고 한다. 그러한 연금술이 21세기에 재현될 조짐을 보이고 있다. 3D 프린팅이라는 기술이 그것이다. 3D 프린팅은 평면이 아니라 입체적인 형상을 프린트하는 것으로 설계도와 플라스틱 소재를 이용해 물건을 만들어 낼 수 있다. 종이를 복사하듯 물체를 찍어낸다.

　이미 3D 프린팅을 이용한 제품들이 나오고 있다. 장식용 공예품이나 플라스틱 식기 등은 쉽게 만들 수 있고, 총기나 가습기, 열쇠 같은 크고 복잡한 물건을 만들어 낼 수 있다. 심지어 배양된 세포를 3D 프린팅의 재료로 삼아 인공 장기를 만들려는 연구도 활발하게 진행 중이다.

3D 프린팅 방법

　3D 프린팅은 설계도를 컴퓨터에 입력하면 설계도대로 플라스틱

액체 등의 원료로 물질을 프린트하듯이 찍어낸다. 3D프린터는 종이 위에 글자를 찍어내는 2차원의 방식이 아닌 우리가 손에 쥘 수 있는 3차원의 물건을 찍어낸다.

1인 제조기업 붐

3D프린터가 혁신적인 이유는 집집마다 3D프린터로 개인맞춤형 생산을 할 수 있기 때문이다. 가정, 사무 공간 등에서 3D 프린팅으로 필요한 기본적인 물품을 바로 만들어 쓸 수 있다. 3D프린터는 나노기술, 의학, 우주·항공 등 다른 기술 분야와의 융합을 통해 마이크로 단위의 초정밀 가공으로 인공 장기·인체 조직 등을 제작할 수 있게 되고, 대형 복합 3D프린터를 활용해 비행기, 우주선 등의 첨단 제품까지도 제작할 수 있을 것이다.

3D 프린팅, 음식문화도 바꾼다

밥솥이나 레인지가 아닌, 음식을 만들어내는 새로운 가전제품을 상상해보자. 가루로 된 여러 성분을 넣고 버튼을 누르기만 하면 각 가족 구성원에게 필요한 영양분이 함유된 맛있는 음식이 조리돼 나온다. 이런 일은 아직 상상 속에 머무는 것처럼 보이나, 3D 프린팅을 사용해 맞춤 음식을 만드는 방법도 언젠가는 현실화될 것으로 기대된다.

몇 년 전부터 이미 단순한 형태의 3D 음식 프린팅 기계가 출시되고 있다. 네덜란드에 3D 음식 프린팅 전문 레스토랑이 등장했고, 미군에서는 3D 프린팅 기술로 병사들에게 맞춤 영양분과 전장에서의 전투 식량 보급을 계획하고 있다.

3D 프린터의 기술적 한계

3D프린팅은 뚜렷한 기술적 한계를 갖고 있다. 완성된 입체 모형의 품질이 기존 공산품과 비교해 떨어지고, 인쇄 속도가 느리며, 완성된 모형의 강도가 그리 높지 않다. 다양한 소재를 사용할 수 없다.

3D프린터로 만든 모형은 표면이 거칠거나 조악해 그 자체를 공산품으로 활용하는 것은 불가능하다. 3D프린터의 느린 모형 제작 속도도 큰 문제점으로 지적되고 있다. 일정한 두께로 한 층씩 쌓아 모형을 완성해야 하는 방식이기 때문이다.

완성된 모형의 강도가 약하다는 점도 앞으로 3D프린팅 기술이 해결해야 할 과제 중 하나다. 예를 들어 인체에 삽입하는 인공 뼈나 치과용 보철 의료기기를 만들어야 하는 분야에서는 강도가 약한 모형은 사용할 수 없다. 3D프린팅 기술은 사용할 수 있는 소재가 매우 한정적이다. 3D프린터는 사실상 열에 녹는 플라스틱 필라멘트만 인쇄 원료로 이용해야 한다. 유리나 모래 등 다양한 분말 소재를 이용할 수 있는 기존 산업과 비교해서 소재의 다양성이 떨어진다.

　이러한 단점에도 불구하고 의료 분야에서도 3D프린터 소재 연구가 한창이다. 최근 의료업계에서는 인체에 직접 사용할 수 있는 의료장비를 만들기 위해 3D프린팅 기술에 관심을 보이고 있다. 치과 치료를 목적으로 하는 보철물이나 인공 장기, 인공 뼈, 인공 관절 등이 3D프린터로 출력할 수 있는 대표적인 의료용 모형품이다.

트랜스포머처럼
스스로 조립되는 4D 프린팅

만일 3D 프린팅으로 커다란 집을 출력한다면 어떻게 해야 할까? 집과 같은 크기의 프린터가 있어야 가능하다. 하지만 그만한 프린터를 만들려면 천문학적 비용이 든다. 배보다 배꼽이 더 크다는 얘기다. 그렇다면 최근 3D 프린터로 집을 지었다는 보도는 뭘까? 그것은 작은 조각들을 3D 프린터로 출력하여 사람의 손으로 조립한 것이다. 그런데 이런 방식으로 조립해 집을 짓는 일은 결코 쉽지 않다. 시간이 많이 걸리고 물체 출력 속도가 느린 3D 프린터의 문제 때문이다. 출력할 수 있는 물체의 크기에 한계가 있다는 점이 바로 3D 프린팅의 단점이다.

그럼 프린터보다 더 큰 물체를 찍어낼 방법은 없을까? 그 해결사가 바로 '4D 프린팅'이다. 4D 프린팅 기술은 물체가 스스로 조립된다는 것이 핵심이다. 3D 프린팅보다 한 단계 진화해 입체3D에 '시간'을 더한 것이다. '시간이 지나면서' 물체가 온도·햇빛 등 환경 조건에 반응해 스스로 형태를 바꿀 수 있는 '자가 변형'이나 '자가 조립'이 가능하다는 뜻이다.

4D 프린팅도 제품설계도를 3D 프린터에 입력하고 출력한다. 그

렇다면 3D 프린팅과 4D 프린팅은 무엇이 다른 걸까? 한마디로 프린팅 재료가 다르다. 4D 프린팅은 형상기억합금 같은 스마트 재료를 활용한다는 것이다. 스마트 재료는 열이나 물처럼 특정 외부조건 아래에서 모습이 변하는 소재이다. 따라서 스마트 재료를 사용하여 출력된 물체는 시간 또는 열이나 온도, 진동, 중력, 공기 같은 환경이나 에너지원에 따라 다른 모양이나 크기로 바뀐다. 접히고 구부리고 펴고 휘며 형상을 나타낸다. 다시 말해 스스로 변형 또는 자가조립이 가능한 재료를 3D 프린터로 찍어내는 것이 바로 4D 프린팅이다. 예를 들어 3D 프린터로 자동차의 부품들을 출력했다고 하자. 이후 자동차를 만들려면 사람이 부품을 조립해야 한다. 하지만 4D 프린팅에서는 3D 프린터로 출력된 압축 형태의 스마트 재료 부품들이 열·물·시간 등에 놓이면 스스로 모양이 변하면서 서로 합쳐져 자동차로 바뀌게 된다.

4D 프린팅원리

단백질 같은 생체분자들이 스스로 결합해 특정 모양을 갖추는 원리를 응용한 것이다. 사람의 개입 없이도 스스로 크기와 모양을 바꿔 자가 조립되기 때문에 커다란 물체는 물론 원하는 형태의 물체를 만들 수 있다. 자동차가 로봇으로 변신하는 공상과학영화 속의 '트랜스포머' 로봇 구현도 가능하다고 과학자들은 말한다.

4D 프린팅활용

자동차 분야를 보면 자동차는 비나 눈, 지표면 소금기 많은 도로 등 다양한 조건에 따라 각기 다른 타이어나 부품을 써야 한다. 그래야 타이어나 부품의 수명이 길어진다. 4D 프린팅은 이를 가능케 한다. 조건별로 자가 변형할 수 있는 코팅 기술을 개발하면 되기 때문이다.

군사 분야에서도 활용가치가 높다. 위장 천막이나 위장복에 활용될 자가변형 천이 개발된다면 물만 뿌리면 스스로 우뚝 서서 펼쳐지는 천막 막사뿐 아니라 더위와 추위 등 외부 환경에 맞게 변하는 군복 등도 만들 수 있다.

의료 분야의 응용도 다양해진다. 자가변형이 가능한 생체조직부터 인체에 삽입하는 바이오 장기까지 등장할 것이다. 심장·간·전립선 등 인공장기에 전기·광학·화학 반응 능력을 추가하면 조직의 형태에 맞춰 조금씩 바뀌는 인공 장기가 가능해진다. 현재 '자가조립' 기술은 더 정교해져 암 치료에까지 활용 폭을 넓히고 있다.

4D 프린팅 기술을 통해 앞으로는 탈모 걱정으로부터 해방되는 순간도 올 것이다. 탈모 유전자를 교정한 모근세포를 3D 바이오프린터로 만들어낸 뒤 두피에 이식하면 굵고 검은 머리카락이 솟아나올 것이라 예상한다.

유망직업

• 3D 프린팅 전문가

의료분야(바이오 인공장기 제작자, 인체 측정 기술자), 판매 유통
(맞춤형 개인소품 제작자, 3D디자인 중개업자), 문화예술(3D 디
자인 예술가, 3D 패션 디자이너), 공공분야 등 다양한 분야에서
일을 할 수 있다.

3D 프린팅 전문가는 컴퓨터그래픽 프로그램 및 장비에 대한 이
해가 필수적이므로 대학에서 컴퓨터공학, 재료공학, 기계공학 등
을 전공하여 업무의 이해 수준을 높이는 것이 좋다.

3D 프린팅 전문가는 3D 프린팅 기술을 활용한 제품 개발 자문,
제품 설계 지원, 측정 분석 지원, 시제품 제작 지원 등을 할 수
있는 로봇, 자동차, 항공 및 우주, 방위산업, 가전제품, 의료 및 의
료장비, 의학, 건축, 교육, 영화 및 방송사, 애니메이션 및 엔터테인
먼트, 완구, 패션 등의 제품과 서비스를 제공하는 기업에서 일을
할 수 있다.

3D 프린팅 기술은 과거에 비해 3D 프린터 제조 업체, 재료, 콘텐
츠 업체가 증가하고 있으며 관련 산업의 매출이 늘어나면서 3D
프린팅 전문가의 활동 범위도 넓어지고 있다. 특히 의료, 패션, 제

조, 교육산업 등으로 진출이 활발해질 것으로 전망하고 있다.

- **3D 프린팅 모델러**

3D 프린팅 모델러는 고객의 요구에 따라 3D 프린터를 활용하여 출력을 대신해 주거나 모형 제품을 제작한다.

3D 모델(캐릭터) 골격을 만들기 위해 3차원 출력물의 형상 정보를 새로 만들거나 3D 스캐너 등을 사용해 자동차, 항공, 메디컬 등 응용 분야에 적합하도록 3차원 출력물의 형상 정보를 가공한다. 컴퓨터 응용프로그램이나 소프트웨어에 대한 흥미가 우선적으로 필요하며, 이에 대한 전문적 지식이 뒷받침되어야 한다.

- **3D 프린팅 소재 개발자**

3D 프린팅 출력 제품의 특성과 강도를 분석하여 여러 재료를 조합하거나 장비에 맞는 새로운 재료를 개발한다.

- **맞춤형 개인 소품 제작자**

종이 위에 원하는 내용을 찍어내는 기존의 인쇄 방식과 달리 소재를 쌓아 물체를 만드는 3D프린터를 이용해 고객의 요구에 따라 제품 (미니어처, 액세서리, 일상 용품, 개인 편의 제품, 기계 부품 등)을 만들어낸다. 제품의 형상을 디자인하고 컴퓨터 프로그램을 활용하여 설계된 디자인대로 프린터로 출력한다.

3D프린터의 소재 품질이 더욱 향상된다면 완구류, 운동기구, 액세서리, 인테리어 소품, 신발 등 대부분 분야에서 개인맞춤형 제품을 소량 제작해 직접 판매하는 창업자가 증가할 것으로 예상된다.

• 인공 장기 제작사

환자를 위한 개인 맞춤형 인공 턱뼈나 치아, 연골, 인공 혈관, 귀 등 장기를 전문적으로 제작하는 일을 한다. 지금은 일부 병원에서 3D바이오 프린터를 활용하고 있지만 향후 상용화되면 이 업무를 전담하는 전문 직업이 생겨날 것이다.

• 프린팅 저작권 인증 및 거래사

3D 프린팅 저작권 인증 및 거래사는 원작자의 창작물 권리 보호를 위한 일을 한다. 기존의 변리사가 이 일을 담당할 수도 있다.

10

사물인터넷과
만물인터넷

사물인터넷이란?

사물인터넷(Internet of Things)은 단어의 뜻 그대로 '사물들 (things)'이 '서로 연결된(Internet)' 것 혹은 '사물들로 구성된 인터 넷'을 말한다. 기존의 인터넷과 달리, 사물인터넷은 책상, 자동차, 가방, 나무, 애완견 등 세상에 존재하는 모든 사물이 인터넷으로 연 결된 것이다.

사물인터넷은 연결되는 대상에 있어서 책상이나 자동차처럼 단 순히 유형의 사물에만 국한되지 않고 교실, 커피숍, 버스정류장 등 공간은 물론 상점의 결제 프로세스 등 무형의 사물까지도 그 대상 에 포함한다.

중요한 것은 '어떻게 인터넷으로 연결할 것인가?'보다는 '왜 인터 넷으로 사물들을 연결하는가?'에 있다. 사물인터넷의 궁극적 목표 는 우리 주변의 모든 사물들을 인터넷으로 연결하여 더 좋은 서비 스를 제공하는 데 있다.

사물인터넷 활용

사물인터넷은 두 가지 이상의 사물들을 서로 연결함으로써 개별적인 사물들이 제공하지 못했던 새로운 기능을 제공하는 것이다. 현재 사물인터넷이 활용된 사례는 스마트 TV, 스마트 냉장고, 원격 조절 보일러, 스마트 스피커 등이 있다. 지금은 단순한 프로그램으로 운영되지만 기술이 발전할수록 사물들이 사용자의 패턴을 파악하여 행동하게 된다.

예를 들어 침대와 실내등이 연결되었다고 가정해 보자. 지금까지는 침대에서 일어나서 실내등을 켜거나 꺼야 했지만, 사물인터넷시대에는 침대가 사람이 자고 있는지를 스스로 인지한 후 자동으로 실내등이 켜지거나 꺼지도록 할 수 있게 된다. 마치 사물들끼리 서로 대화를 함으로써 사람들을 위한 편리한 기능들을 수행하게 되는 것이다.

출근 전, 교통사고로 출근길 도로가 심하게 막힌다는 뉴스가 떴다. 소식을 접한 스마트폰이 알아서 알람을 평소보다 30분 더 일찍 울린다. 스마트폰은 주인을 깨우기 위해 집안 전등을 일제히 켜지게 하고, 커피포트가 때맞춰 물을 끓이게 한다. 식사를 마친 주인이 집을 나서며 문을 잠그자, 집안의 모든 전기기기가 스스로 꺼지고 가스도 안전하게 차단된다.

사물인터넷이라는 산업이 활성화되면 컴퓨터, 기계, 기기가 사람의 터치 없이 네트워크를 이용해 원격으로 다른 기기와 정보를 주고받을 수 있게 된다. 공상과학 영화에서나 보던 일이 현실에서도 곧 이뤄질 전망이다. 주변에서 흔히 보고 쓰는 사물 대부분이 인터넷으로 연결돼 서로 정보를 주고받게 된다. '사물인터넷'(Internet of Things) 시대가 열리는 것이다.

사물인터넷 기술

사물끼리 대화를 나누고 서로 소통한다. 사물인터넷은 사물에 센서를 부착해 실시간으로 데이터를 인터넷으로 주고받는 기술이나 환경을 일컫는다. 지금도 인터넷에 연결된 사물은 주변에서 쉽게 볼 수 있다. 하지만 사물인터넷이 여는 세상은 이와 다르다.

지금까진 인터넷에 연결된 기기들이 정보를 주고받으려면 인간의 조작이 개입돼야 했다. 사물인터넷 시대가 열리면 인터넷에 연결된 기기는 사람의 도움 없이 서로 알아서 정보를 주고받으며 대화를 나눌 수 있다. 센서는 사물 간 대화를 위한 필수요소이고 사물인터넷에선 모든 물리적 센서 정보가 매우 중요하다. 사물(가전 장치)에 센서를 부착해서 인터넷으로 개별 사물들끼리 정보를 주고받고 통신할 수 있게 한다. 사람이 조정하지 않아도 사물이 알아서 판단한다.

사물인터넷의 활용

현재 패스트푸드점이나 카페에 도입한 무인 주문 결제기가 있다. 이는 가장 단순한 형태로 운영되고 있는 사물인터넷 활용사례다. 사물인터넷을 제조업에 도입하면 기계들이 상호소통하여 생산력을 향상, 제조 원가 절감, 에너지 사용 최소화를 가능하게 할 수 있고, 의료와 접목하면 환자의 상태를 바로 파악하여 의료 서비스를 높일 수 있다.

교통 및 운송에 사물인터넷을 도입하면 자율주행차의 운행이 가능하고 사람 대신 드론으로 운송할 수 있다. 에너지에 접목시키면 각 가정마다 전용 센서가 있어 전력 소비량 등을 실시간 파악하여 에너지 수요 공급을 원활하게 해줄 수 있다.

만보기는 단순히 걸음 수를 재는 용도지만 인터넷에 다양한 건강관리 플랫폼을 연결하면 건강을 측정·판단·예측할 수 있다. 일반적인 화분을 인터넷에 화초관리 플랫폼과 연결하면 화분에 심어진 꽃에 언제 물을 주어야 할지, 흙과 주변의 상태가 어떤지에 대한 정보를 제공하고, 심지어 자동으로 물까지 줄 수 있을 것이다.

이렇듯 사람의 '조작'이 개입되지 않고 사물끼리 알아서 정보를 처리하는 사물인터넷 시대는 이미 우리 곁에 성큼 다가와 있다. 사물인터넷은 농업·의료·교통·에너지·유통 등 다양한 분야의 활용될 전망이다.

스마트 팩토리

스마트 팩토리는 제품 제조와 관련된 모든 과정에 정보통신기술 ICT을 융합한 것이다. 제품을 조립, 포장하고 기계를 점검하는 전 과정이 자동으로 이뤄져서 4차 산업혁명의 핵심으로 꼽힌다. 스마트 팩토리는 모든 설비와 장치가 무선통신으로 연결되어 있기 때문에 실시간으로 전 공정을 모니터링하고 분석할 수 있다. 스마트 팩토리는 공장과 정보통신기술이 만난 것으로 인공지능들이 공장이 돌아갈 수 있도록 한다.

스마트 팩토리에서는 공장 곳곳에 사물인터넷(IoT) 센서와 카메라를 부착하여 데이터를 수집하고 분석한다. 이렇게 분석된 데이터를 기반으로 어디서 불량품이 발생하였는지, 이상 징후가 보이는 설비는 어떤 것인지 등을 인공지능이 파악한다.

지금까지의 공장 자동화 기술은 각각의 공정별로만 자동화가 이뤄져 있어 전체 공장을 관리하기 어려웠다. 하지만 스마트 팩토리는 ICT 기술 덕분에 모든 설비나 장치가 무선통신으로 연결되어 있어 이를 통해 최적의 생산 환경을 만들 수 있게 되었다.

스마트 팩토리는 관리 외적으로 비용 효율성도 높아 더 이상 값비싼 노동력에 의지하지 않아도 되고, 대량 생산이 야기하는 재고의 문제에서도 자유로워졌다. 또한 자동화를 통해 상품을 합리적인 가격으로 생산할 수 있게 되었다.

만물 인터넷

사물인터넷(IoT, Internet of Things)이 발전된 것으로 만물이 인터넷으로 연결된다. 모든 사람과 프로세스, 데이터, 모바일, 클라우드 등이 서로 연결된 인터넷을 말한다. 사물과 사람, 데이터, 프로세스 등 세상에서 연결 가능한 모든 것이 인터넷에 연결되어 상호작용하는 것을 말한다. 가전제품, 전자 기기뿐만 아니라 헬스케어, 원격 검침, 스마트 홈, 스마트 카 등 다양한 분야에서 사물을 네트워크로 연결해 정보를 공유하는 사물인터넷(IoT : Internet of Things)에서 한 단계 더 발전한 형태다.

만물인터넷 기술

만물인터넷(Ioe, Internet of Everything)은 사물인터넷의 개념을 확장하여 인터넷을 기반으로 기존의 사물은 물론이고 사람, 데이터, 프로세스 등 모든 것을 서로 연결시켜 정보를 상호 소통하는 첨단 지능형 기술 및 서비스이다. 사물인터넷과 만물인터넷의 차이는 사물인터넷이 사용자가 설정한 범위 내에서의 자동화라고 하면, 만물

인터넷은 개인의 히스토리와 상태 및 주변상황까지 고려하여 최적의 상태를 스스로 판단한 후 제공되는 서비스라는 점이다.

예를 들면 집안 온도 설정 시, 사물인터넷 서비스는 사전 설정된 온도 또는 원격으로 설정한 온도를 사용하는 데 그치지만 만물인터넷 서비스는 사용자의 평소 선호온도, 사용자의 하루 일과, 현재 체온, 계절 및 날씨 등을 고려하여 최적온도를 설정한다.

만물인터넷시대의 미래

이러한 기술이 더 발전하면 결국 전 세계 인터넷에 연결된 모든 사물이 상호 정보를 공유하고, 상황에 맞는 최적의 시스템을 운용할 수 있는 '초연결 만물인터넷' 시대가 도래할 것이다. 예를 들면 도시 교통 시스템에서 신호등이 사라지고, 도로와 차량, 사람 간의 상호 연결로 교통사고 없는 차량 흐름이 완성되는 시대가 오게 될 것이다. 만물인터넷은 클라우드, 모바일, 빅데이터, 인공지능 기술과 함께 기술혁신의 원동력이 될 것으로 전망된다.

유망직업

- **사물인터넷 개발자**

  사물에 센서와 통신기능을 내장해 사물끼리 인터넷을 통해 실시간으로 데이터를 주고받는 기술이나 환경을 개발한다. 센서와 스마트기기를 결합하여 개인에게 필요한 용도로 사용할 수 있도록 개발한다. USB, 블루투스, Wifi, 근거리 통신망 등의 네트워크를 활용하여 센서와 사물인터넷의 서비스 기술을 개발한다. 체중, 혈당, 혈압 등 환자와 관련된 생체정보를 유무선 통신을 통해 스마트폰으로 전송할 수 있도록 하는 애플리케이션 등을 개발한다.

- **사물인터넷 전문가**

  사물 인터넷 기술과 서비스를 판매하거나 구입할 수 있는 제품으로 다듬는 역할을 한다. 사물 인터넷 전문가는 정보 통신 기술(ICT) 분야의 직업들과 관련성이 높다. 사물 인터넷 기술은 다양한 분야의 기술이 융합되므로 스마트폰 애플리케이션 개발자, 빅데이터 전문가, 클라우드 컴퓨팅 개발자 등 여러 분야의 사람들과 함께 일을 하게 되는 경우가 많다.

사물 인터넷 전문가는 거의 모든 분야에서 활동할 수 있지만, 주로 농산업, 자동차 산업, 광산업, 에너지 및 재생에너지, 헬스 케어, 보안 등의 분야에서 일을 할 수 있다. 사물 인터넷 전문가는 스마트 홈, 스마트 빌딩, 스마트 시티 등 사람들의 일상을 편리하고 안전하게 만들어 가는 일을 한다.

사물 인터넷 전문가가 되기 위해서는 보통 고졸 이상의 학력이 요구되며 컴퓨터와 IT 관련 지식이 필요하므로 대학은 정보 통신 공학, 컴퓨터공학, 소프트웨어공학, 정보 보호공학 등을 전공하여 일에 대한 이해 수준을 높이는 것이 좋다.

사물 인터넷 전문가는 주로 사물 인터넷 서비스 기업이나 정보 통신 관련 기업의 사물 인터넷 관련 부서에서 사물 인터넷 제품이나 서비스 등의 업무를 담당한다. 소프트웨어 개발 업체의 연구소, 정부에서 정보 통신 업무를 맡고 있는 기관, 연구기관 등에서도 일할 수 있다.

사물 인터넷 기술은 다양한 분야에 적용될 수 있기 때문에 전문성만 갖춘다면 진출할 수 있는 분야가 상당히 넓다. 사물 인터넷은 앞으로 키워나가야 할 신성장 산업으로 다양한 분야에서 4차 산업혁명의 선두 역할을 할 것으로 보인다.

• 사물인터넷 사업기획자

사회 분야의 안전, 복지, 교통, 환경 등에서의 문제점을 점검하고 사물인터넷 기술을 활용하여 해결방안을 찾는다. 유비쿼터스(자유롭게 네트워크에 접속할 수 있는 정보통신 환경), 헬스케어 등 다양한 용도에 따라 사용목적에 맞는 서비스 및 제품을 기획한다. 센서, 무선망, 플랫폼 등 필요한 기술요소를 점검하고 구축한다. 서비스 기획에 따라 사전연구와 제품개발, 보안 문제 등 다각도에 대한 문제점을 점검한다.

• 사물인터넷 서비스 기획자

사물인터넷의 '콘텐츠'와 관련된 직업이다. 사물인터넷 개발 단계에서 사람에 대한 이해, 환경에 대한 정보와 분석 등을 바탕으로 서비스를 기획한다.

• 사물인터넷 보안 전문가

일상을 지배하는 모든 기기가 인터넷으로 연결된 상황에선 해킹 등의 위험이 더욱 크다. 하나가 뚫리면 도미노처럼 피해를 입을 수 있기 때문이다. 이에 따라 보안 전문가의 역할이 더욱 중요해질 것으로 보인다.

- 사물인터넷 데이터 분석전문가

사물인터넷이 생성하는 데이터를 가지고 분석하는 일을 한다. 많은 양의 데이터를 가지고 자료를 분석하여 기업이나 공공기관에서 활용할 자료작성 업무를 수행한다. 여기저기 흩어져 있는 데이터를 모으고 분석하여 의미 있고 유용한 정보로 가공하는 일을 한다.

- 스마트 의류 개발자

스마트 의류란 각종 IT 정보기능이 부가된 옷을 말한다. 운동하는 동안 옷의 센서가 심전도·체온 등 생체 신호를 실시간으로 측정해 운동센터의 컴퓨터 서버로 전송하면 몸 상태가 자동 분석되는 운동복 등이 이에 포함된다.

스마트 의류 개발자는 정보 통신 기술을 이용하여 옷을 입은 사람의 심박수, 체온 등을 감지할 수 있는 의류를 개발한다. 이외에 옷에 부착된 센서가 온도·습도·자외선 등 외부 환경을 측정하는 스포츠 의류, 박수나 음악 소리의 세기에 따라 색이 다양하게 변하는 공연용 옷 등 다양한 종류의 옷이 개발되고 있다.

스마트 의류 개발자와 관련된 직업으로는 섬유공학 기술자, 스마트섬유연구원 등이 있다. 섬유공학 기술자는 섬유소재와 섬유 제품의 기능을 개선하기 위하여 연구하고 분석한다. 스마트 의류 개발자는 섬유공학 기술자의 일부다. 스마트섬유연구원은 패션,

헬스 케어, 의료, 스포츠 등 다양한 분야에서 사용되는 스마트섬유를 연구하고 개발한다.

스마트 의류 개발자는 옷을 만드는 의류회사, 패션제품을 만드는 패션회사, 섬유업체, 대학 내 연구소, 기업 내 연구소 등에서 일할 수 있다. 대학의 의류산업학과, 의상학과, 전기전자공학과, 섬유공학과 등으로 진학하면 유리하다. 특성화고나 마이스터고에서 의상디자인, 패션 등을 전공할 경우 스마트 의류에 관한 기초지식과 실무를 익힐 수 있다.

스마트 의류는 이제 시작 단계다. 인공지능과 빅데이터, 사물 인터넷 등의 첨단기술이 비약적으로 발전하면서 스마트 의류도 앞으로 크게 성장할 것으로 예상된다.

11

양자 컴퓨터와
엣지 컴퓨팅

양자 컴퓨터

양자컴퓨터는 종전의 컴퓨터와 달리 1개의 처리장치로 수많은 계산을 동시에 처리할 수 있어, 정보 처리량과 속도에서 월등히 앞선다. 양자컴퓨터가 실용화되면 지금의 슈퍼컴퓨터가 150년에 걸쳐 계산해야 할 것을 4분만에 끝낼 수 있게 된다. 양자컴퓨터는 '큐비트'라는 단위를 쓴다.

현재 세계적으로 양자컴퓨팅 기술 개발에 대한 활발한 투자가 이뤄지고 있는데 미국에서는 구글, 마이크로소프트, IBM 등의 기업을 중심으로 연구가 진행되고 있다. 이러한 IT 기업들은 2035년 무렵이면 양자컴퓨터가 상용화된다고 한다.

양자컴퓨터는 광자(빛)만으로 정보를 처리하는 방식이다. 빠르고 안정적인 통신을 위해 전자보다 빠른 빛으로 정보를 처리한다. 광속으로 정보를 처리할 수 있다면 지금과는 비교할 수 없을 만큼 빠른 정보 처리가 가능해진다. 양자컴퓨터 기술이 더욱 발전하면 이전보다 빠른 속도로 빅데이터를 처리할 수 있게 되어 공공기관뿐만 아니라 산업 전반에 활용할 수 있다. 우리나라는 해외에 비해서 양자컴퓨팅 관련 연구가 뒤처져 있지만, 최근 학계와 연구소를 중심으로 선진 연구기관들과의 협력연구를 진행하고 있다.

양자컴퓨팅으로 빅데이터 처리의 속도가 빨라지면 인공지능의 대중화가 가능하게 될 것으로 보인다. 2035년 양자컴퓨터가 상용화되면 인공지능은 양자컴퓨터를 탑재하게 되어 본격적인 인공지능의 시대가 열리는 것이다. 양자컴퓨터 기술이 발전하면 다양한 차량들의 교통흐름을 실시간으로 파악할 수 있게 되어, 자율주행이 가능한 무인자동차 시대가 본격적으로 열릴 것으로 예상된다. 기상이변 예측, 우주현상, 질병 진단 등 지금까지 해결하지 못했던 문제를 양자컴퓨터가 해결할 수 있다.

엄청나게 빠른 연산속도를 기반으로 하는 양자컴퓨터는 많은 기업들이 기존 사업에 대해 경쟁력을 확보할 수 있게 하고, 자동차, 제약, 보안, 헬스케어, 로봇, 우주항공 분야 등 다양한 산업 분야에서 새로운 서비스를 창출할 수 있다.

양자컴퓨터 원리

양자컴퓨터는 양자역학의 원리에 따라 작동하는 미래형 컴퓨터다. 양자컴퓨터는 기존 컴퓨터와 전혀 다른 원리를 이용한다. 큐비트들로 이뤄진 양자컴퓨터는 지금의 컴퓨터로는 불가능한 수많은 계산을 해낼 수 있다

미래형 첨단 컴퓨터인 양자컴퓨터는 여러 곳에서 실험적으로 만들어지고 있으나 아직까지 완전하게 개발되지 않은 상태이다. 이것

이 실현되면 게놈(유전자)이나 기상 등 지금의 슈퍼컴퓨터로도 풀 수 없는 아주 복잡한 영역의 연구에 이 컴퓨터를 활용할 수 있을 것이다.

양자컴퓨터로 암호해독, 순간이동?

암호해독은 전쟁이 발발했을 때 나라를 지키기 위한 중요한 열쇠였다. 과거에는 사람이 수학 지식을 동원해 암호를 직접 풀어냈다. 하지만 암호 기술이 발전하면서 더 이상 사람의 머리로 암호를 푸는 데는 한계가 있다. 때문에 컴퓨터를 암호해독에 활용하기 위한 연구를 시작했는데 이것이 바로 양자컴퓨터의 출발이었다.

양지컴퓨터는 순간이동 같은 공상과학 소재를 현실에서도 가능하게 할 수 있다. 양자 세계에서의 순간 이동은 물질의 전송보다는 정보 전송과 관련돼 있다. 과학자들은 광자가 연결되지 않은 경우에도 컴퓨터 칩에 있는 광자 사이에 정보가 전달될 수 있다는 사실을 확인했다. 영화 속 장면을 언젠가 현실에서 만날 수 있을 거란 기대를 양자컴퓨터의 발전으로 실현될 날이 점점 다가오고 있다.

엣지 컴퓨팅

방대한 데이터를 중앙 집중 서버가 아닌 분산된 소형 서버를 통해 실시간으로 처리하는 기술이다. '엣지'는 가장자리라는 의미로, 중앙 서버가 모든 데이터를 처리하는 클라우드 컴퓨팅과 달리 가장자리에서 데이터를 처리한다. 다양한 단말 기기에서 발생하는 데이터를 클라우드와 같은 중앙 집중식 데이터센터로 보내지 않고 데이터가 발생한 현장 혹은 근거리에서 실시간 처리한다.

인터넷이 발달하고 사물인터넷과 5G가 생겨나면서 방대한 양의 데이터들이 쏟아지기 시작했다. 이 때문에 클라우드 컴퓨팅이 한계에 부딪히게 됐는데, 이를 보완하기 위해 엣지 컴퓨팅(edge computing) 기술이 개발됐다. 기하급수적으로 늘어난 데이터들을 다루는 데 있어서 기존의 기술로는 한계가 있어 방대한 양의 데이터들을 받아들이고 처리하는 데도 새로운 기술이 필요하게 되었다. 이런 흐름에 맞춰 탄생하게 된 것이 바로 엣지 컴퓨팅이다.

엣지 컴퓨팅은 방대한 데이터를 중앙 집중 서버가 아닌 분산된 소형 서버를 통해 실시간으로 처리한다. 이 기술은 실시간으로 대응해야 하는 자율주행차, 스마트 팩토리, 가상현실 등 4차 산업혁명을 구현하는 데 중요한 역할을 한다.

장점

처리 가능한 대용량 데이터를 발생지 주변에서 효율적으로 처리함으로써 데이터 처리 시간이 큰 폭으로 단축되고 인터넷 사용량이 감소하는 장점이 있다. 처리 시간 단축은 모든 컴퓨팅 작업에서 바람직하지만 증강현실과 가상현실, 생체(얼굴·음성)인식 등 최근 각광 받고 있는 빅데이터 기술 관련 컴퓨팅에서 특히 유리하다.

클라우드 환경에서는 방대한 양의 데이터를 한번에 처리하려고 하다 보니 데이터 부하가 자주 발생하게 된다. 하지만 이를 나눠서 처리하는 엣지 컴퓨팅은 이런 문제가 거의 없다. 엣지 컴퓨팅은 클라우드 환경보다 처리하는 속도가 10배는 빠르다.

엣지 컴퓨팅의 장점으로 높은 보안성을 꼽을 수 있다. 일부 정보만 처리하기에, 데이터 처리가 지연될 가능성이 적고 중요한 정보만 처리하고 나머지는 암호화해서 보낸다면 높은 보안성을 유지할 수 있다. 또한 중앙에 모든 데이터가 모이기 때문에 해킹이 당하면 큰 위험에 빠지는 클라우드 컴퓨팅과는 다르게 독립적으로 나눠져서 움직이는 엣지 컴퓨팅은 훨씬 안전하다. 그리고 근거리에서 바로바로 처리하기 때문에 정보를 빼앗길 새가 없다.

활용 분야

    스마트 팩토리와 스마트 도시, 자율주행 자동차, 가상과 증강현실, 인공지능 등에 쓰인다. 에지 컴퓨팅의 대표적인 사례는 자율 주행 자동차이다. 자율 주행 자동차는 차량에 부착된 각 센서들로 주변 지형이나 도로 상황, 차량 흐름 현황 등을 파악해 데이터를 수집하고, 주행 중 일어날 수 있는 다양한 상황에 신속하게 대처해야 한다. 즉, 방대한 데이터의 수집·처리와 실시간 대응을 위한 빠른 데이터 분석의 필요로 에지 컴퓨팅이 활용된다.

    5G로 막대한 양의 데이터가 생성되고 실시간으로 처리되어야 할 필요성이 생기면서 저지연성에 가장 효과적인 방법이 엣지 컴퓨팅 기술이다. 이것을 통해 초고속으로 데이터를 전송한다. 우리가 쓰는 스마트폰에도 엣지 컴퓨팅 기술이 사용되고 있다.

    엣지 컴퓨팅은 클라우드보다 장점이 많고 앞으로도 많이 쓰이게 될 것으로 보여 많은 사람들이 앞으로 클라우드 컴퓨팅은 도태될 것으로 생각하나 전문가들은 반대로 둘이 공존하여 서로의 단점을 보완하는 공생관계 식으로 발전하게 될 가능성이 크다고 한다.

    사실 엣지 컴퓨팅은 클라우드 컴퓨팅 방식을 보다 정교하게 만든 형태라고 볼 수 있다. 아직은 클라우드 컴퓨팅의 장점도 많으며 이것 없이 엣지 컴퓨팅만으로 모든 것이 돌아가기에는 한계가 존재한다. 또한 엣지 컴퓨팅은 클라우드 컴퓨팅의 문제점을 보완하기 위해 나온 것이지 이것을 대신하기 위해 개발된 것은 아니기에 아직 이를 완전히 대체하는 것은 어려울 것으로 보인다.

12

자율주행차와
하이퍼루프기차

자율주행 자동차

자율주행 자동차는 스스로 주변 환경을 인식하고 위험을 판단하며, 주행 경로를 계획하여 운전 중 운전자가 가속이나 조향 제동에 전혀 관여하지 않고 스스로 주행이 가능한 자동차이다. 운전자가 핸들과 가속페달, 브레이크 등을 조작하지 않아도 정밀한 지도, 위성항법시스템(GPS) 등 차량의 각종 센서로 상황을 파악해 스스로 목적지까지 찾아가는 자동차를 말한다. 엄밀한 의미에서 사람이 타지 않은 상태에서 움직이는 무인자동차와 다르지만 실제론 혼용되고 있다.

자율주행 자동차가 실현되기 위해선 수십 가지의 기술이 필요하다. 자율주행을 위해서는 고성능 카메라, 충돌 방지 장치 등 기술적 발전이 필요하며, 주행상황 정보를 종합 판단하여 처리하는 기술이 필수적이다. 자율주행 기술은 스마트카의 핵심기술로 꼽힌다. 수많은 자동차 회사들뿐만 아니라 구글, 애플 등 IT 기업들이 기술개발에 앞장서고 있다.

자율주행차가 상용화되면 전체 교통사고의 95%가량을 차지하는 운전자 부주의에 의한 교통사고와 보복운전을 줄일 수 있다고 한다. 또한, 운전자를 완전히 인공지능으로 대체하게 되면 교통정체의 감소를 가져오고 교통경찰과 자동차 보험이 필요 없어질 것이다.

인간 운전의 경우 교차로에서 대기 시간 등으로 인한 지연이 발생 되나, 자율운전이 일반화되면 교차로에서 정차 없는 운전이 가능해진다. 또한 공유 시스템을 통하여 자동차의 활용시간이 늘어 자원의 효율적 사용이 증가한다.

완전 자율주행이 실현되면 그 때부터 승용차들은 '운전의 즐거움'이나 '주행성능'이 아닌 '탑승하는 동안의 편의성, 거주성'에 맞추어질 것이다. 예를 들어 집에서 회사까지 출근하는 데 1시간이 걸린다고 할 경우, 완전 자율 주행 시대에는 일단 차부터 출발 시키고, 식사, 개인 정비, 업무 준비 등을 차내에서 수행할 수 있게 된다.

최근 우버 등 공유서비스가 발달하면서 10대부터 일찍 운전을 배우는 미국에서는 10대들이 운전을 배우지 않는 비율이 늘어나고 있다고 한다. 또한 10대가 운전을 시작하면 보통 미국 부모들은 저렴한 자동차를 한대 더 구입하는 것이 일반적이었으나, 공유 서비스가 발달함으로서 추가적인 자동차 구매보다는 공유서비스를 이용하는 쪽으로 변화하고 있다는 것이다.

이런 추세는 앞으로 가속화되어, 전 세계적으로 자동차 산업의 판매량은 지속적으로 줄어들 것으로 예측되고 있으며, 자동차를 소유하기 보다는 공유 서비스를 이용하는 비율이 훨씬 높아질 것으로 예측되고 있다.

자율주행은 사람을 대체할 수 있는 기술이다 보니 일자리 문제도 불거지고 있다. 자율주행이 본격적으로 도입되기 시작하면 운전직 일자리 수요가 상당량 감소하거나 심지어 아예 완전히 사라질 것으로 보고 있다.

하이퍼루프기차

하이퍼루프는 엘론 머스크 테슬라 모터스 최고경영자(CEO)가 2013년 여름에 공개한 초고속 진공튜브 캡슐열차를 말한다. 미국 로스앤젤레스에서 샌프란시스코를 30분 만에 주파하는 새로운 교통시스템이다. 열차처럼 생기긴 했지만, 실제 작동 방식은 기존 열차와 많이 다르다. 하이퍼루프는 기본적으로 진공 튜브에서 차량을 이동시키는 형태의 운송수단이다. '이동'보다는 '쏘아 보낸다'는 표현이 더 적절하다.

하이퍼루프는 공기 마찰이 없는 진공튜브와 시속 1,200 ~ 1,300km로 달리는 캡슐형 열차로 구성된다. 열차는 튜브 안쪽을 미끄러지듯 달린다. 하이퍼루프는 1,500km 정도 거리의 교통량이 많은 도시에 적합하다. 엘론 머스크가 아이디어를 공개한 이후, 많은 업체가 하이퍼루프 개발에 도전하고 있다. 국내에서도 철도기술연구원과 포스코가 연구개발에 참여하고 있다.

하이퍼루프는 시속 1,200km라는 엄청난 속도를 어떤 원리로 낼 수 있는 걸까? 하이퍼루프는 일반적인 열차와 달리, 진공 상태인 튜브 속에서 자기력으로 차량을 띄운 상태로 이동하는 열차다. 튜브 내부가 진공이므로 공기저항도 최소화되고 레일과 맞닿아 있지 않으니 마찰도 최소화된다. 공기 저항과 마찰 저항을 줄이는 방식이다. 진공 자기부상열차 기술이다. 튜브 속을 거의 진공에 가까운 상태로 유지하고, 자기력으로만 움직이도록 하는 방법이다. 그 비밀은 공기저항과 마찰의 최소화에 있다.

하이퍼루프의 장점은 기존 열차에 비해 획기적으로 빠르다는 점이다. 서울에서 부산까지 시속 1,200km로 달린다면 20분 안으로 도착 가능하다. 기존 열차는 물론 항공기보다도 빠르다. 하이퍼루프는 버스 정도의 크기로 건설 규모가 작다. 때문에 건설 비용을 줄일 수 있다. 일론 머스크의 주장에 의한다면 탑승 비용은 항공료 대비 5배 이상 저렴하다고 한다. 고속철도와 비교해도 더 싼 값에 하이퍼루프를 이용할 수 있다는 것이 큰 장점이다.

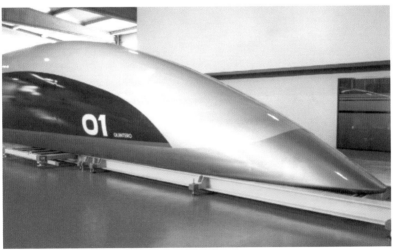

세계 최초로 내놓은 실제 크기의 하이퍼루프 시제품인 퀸테로 원

꿈의 기술 같지만 최근 하이퍼루프는 빠른 속도로 현실화되고 있다. 선두 주자인 하이퍼루프 트랜스포테이션 테크놀로지라는 기업이 퀸테로 원(Quintero One)이라는 프로토타입을 공개한 뒤 2020년 독일 뮌헨에서 중국, 프랑스, 미국, 우크라이나 대표들을 모아놓고 설명회를 개최했다. 이 자리에 각국 규제를 맡은 기관들이 참석해 하이퍼루프 도입을 위한 법적 장치 마련에 대한 논의를 진행했다고 한다. 서울에서 부산까지 20분 정도면 도착할 수 있는 이 꿈의 기술을 이용하게 될 날이 머지않은 것이다.

드론

　드론은 2000년대 초반에 등장했다. 2010년대를 전후하여 군사적 용도 외 다양한 민간 분야에도 활용되고 있다. 드론은 무인(無人) 비행기로 초기에는 군사용으로 사용되었으나 최근에는 군사적 역할 외에도 다양한 민간 분야에서 활용되고 있다. 사람이 직접 가서 촬영하기 어려운 장소를 촬영하거나, 인터넷 쇼핑몰의 무인(無人) 택배 서비스가 대표적 활용분야이다.

　구글과 페이스북은 드론을 내세워 인터넷 사업을 확장할 계획이다. 구글은 열기구를 이용해 전 세계에 무선인터넷을 공급하는 사업을 진행하고 있다. 구글은 열기구에 더해 드론으로 무선인터넷을 보급할 예정이다. 페이스북도 저개발 국가에 인터넷 기술을 보급하고 있는 프로젝트를 진행 중이다.

　드론에 큰 관심을 가지는 기업들이 많다. 신문·방송 업계나 영화 제작사가 대표 사례다. 이들은 드론을 촬영용 기기로 활용하고 있다. 카메라를 탑재한 드론은 지리적인 한계나 안전상의 이유로 가지 못했던 장소를 생생하게 렌즈에 담을 수 있고, 과거에 활용하던 항공촬영보다 촬영 비용이 더 저렴하다는 장점이 있다.

　하지만 단점도 있다. 많은 나라가 드론의 가장 큰 문제점으로 '안전'을 꼽는다. 테러리스트가 드론에 위험물질을 넣어 배달할 수도 있고, 드론이 고장나서 갑자기 추락할 수도 있다. 해킹을 당하거나 장애물에 부딪힐 위험도 상존한다. 촬영용 드론이 많아질수록 사생활 침해 위협도 늘어난다.

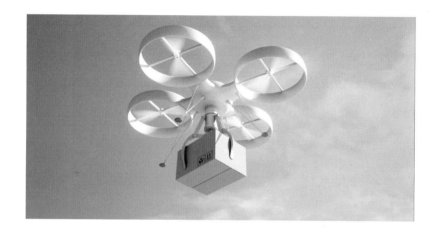

유망직업

• 자율주행차 전문가 (자동차 센서 개발 전문가)

　자율주행차의 눈, 각종 센서를 개발한다. 자율주행차는 주변에 사람, 자동차 등이 있을 때 위험 상황을 빠르고 정확하게 인지해야 한다. 그러기 위해서는 주변 환경을 감지하는 센서가 필요하다. 자율주행차에 필요한 센서는 거리를 측정하고 주변 물체를 인식하는 전방감지 등을 할 수 있는 여러 센서들이 필요하다.이때 각 센서가 인식한 정보를 적절하게 융합하는 기술이 필요하다. 센서를 개발하고 연구하는 자율주행차 전문가가 되기 위해서는 자동차, 컴퓨터, 전기전자, 정보통신, 로봇 등에 대한 전문지식이 있어야 하고 관련 학과에 진학해 공부하는 것이 좋다.

• 자율주행차 엔지니어

　'자율주행차'는 운전자의 조작 없이도, 스스로 교통 상황을 파악해 목적지까지 도착할 수 있는 자동차이다. 따라서 자율주행차 엔지니어는 자율 주행이 가능하도록 도와주는 **GPS**, 레이더, 카메라 등에 대한 지식이 풍부해야 한다. 관련 전공은 컴퓨터공학, 자동차 공학, 기계 공학, 전자 공학 등이며 자동차 및 정보 기술 분야 국가 기술 자격증을 획득한 이들이 많이 종사하는 직업이다. 우리나라뿐만 아니라 전 세계가 자율주행차 상용화를 위해 힘쓰고 있기 때문에, 자율주행차 시장은 대세가 될 것으로 전망된다.

• 전기 자동차 연구원

최근 친환경 전기 자동차 보급이 활성화됨에 따라, 전기 자동차 관련 연구원도 많아지고 있다. 전기 자동차 연구원은 주로 완성차 업체나 전기자동차 기업, 전기자동차를 개발하는 국책연구소, 대학 연구소 등에서 일한다.

현재 전 세계적으로 전기자동차에 대한 제도적, 재정적 지원이 늘어나고 있기 때문에 관련 업종 수요가 증가하고 추세이다. 더불어 최근 전동휠, 전동 킥보드 등 개인형 이동 수단도 인기를 얻고 있어 이와 관련한 전기차 연구원도 꾸준히 등장할 것으로 전망된다.

• 드론 조종사

드론의 안정적 운행을 위해 정확한 조종기술을 습득해야 한다. 조종기술이 부족하면 원하는 작업을 수행할 수 없고 드론의 추락으로 사람을 다치게 하거나 기물을 파손할 수 있기 때문이다. 안

전운행을 위해서 숙련된 조종기술은 필수다.

드론은 수동 조종뿐만 아니라 미리 설정된 경로를 따라 자동 비행도 가능하므로 프로그래밍에 대한 지식도 있어야 한다. 또한 드론조종사는 항공법, 기상에 대한 이해, 안전규제에 대한 지식을 갖추어야 한다. 이와 같이 드론 조종사는 드론 조종법을 습득하여 다양한 분야에 활용하는 직업으로 관심이 높아지고 있다.

13

나노기술

나노 관련 기술

나노(nano)란?

'나노'는 그리스어로 아주 작다는 것을 뜻한다. 나노미터는 10억 분의 1을 가리키는 미세단위이다. 나노미터(10억분의 1m) 크기 원자나 분자 영역에서 일어나는 현상은 일상생활에서 경험하는 현상과는 다르다. 눈앞에 보이는 물체를 관찰하는 거시 세계와 달리 나노 세계는 보이지 않는다. 현미경으로도 관찰할 수 없다.

나노 기술

나노는 단순히 나노 크기만을 의미하는 것일까? 나노세계에서는 어떤 일이 벌어질까? 나노기술이 물리, 화학, 생물, 전기전자공학, 재료공학, 기계공학 등 모든 분야에 다 연관되어 있어 공통분모를 끄집어내기가 쉽지 않다.

나노과학의 창시자인 에릭 드렉슬러(Eric Drexler)는 '나노기술(nano technology)'이라는 말을 처음 사용하면서 "앞으로 나노기술은 인류의 모든 것을 바꿔놓을 것이며 인류 삶의 혁명을 가져올 것"이라고 말했다. 그의 말처럼 나노 기술은 반도체 분야를 시작으로 전자와 정보통신, 섬유, 기계, 화학, 바이오, 에너지, 생명공학 등 거의 모든 산업에 응용할 수 있는 획기적인 기술로 떠올랐다. 미국, 일본 등의 나라에서는 1990년대부터 나노를 국가적 연구과제로 삼아 연구해왔으며, 우리나라에서는 2002년 나노기술개발촉진법을 제정하여 국가적으로 나노기술을 발전시키고자 노력하고 있다.

기술적인 의미에서 나노기술이란 나노미터 크기 작은 단위에서 물질을 분석하고 조작하고 제어하는 기술을 말한다. 나노 물질은 큰 단위일 때와는 완전히 다른 특성을 보여준다. 나노기술은 10억 분의 1 수준의 정밀도를 요구하는 극미세가공 과학기술을 말한다.

일반적인 물체가 나노미터 크기로 작아지면 물체의 구조나 성질도 달라진다. 입자가 작아질수록 표면적이 증가하게 되어 반응속도가 빨라진다. 강도가 획기적으로 늘어나기도 하고 색이 변하기도 하며 내열성이 강해지고 항균 특성을 갖기도 한다. 이 때문에 특별한 기능을 가지는 신소재와 첨단제품을 생산할 수 있게 해준다. 기본적으로는 극소형화 기술이기 때문에 고집적화, 고속화, 경량화 추구가 가능하다.

나노 산업

　나노미터 크기의 물질들을 기초로 하여 우리 실생활에 유용한 나노소재, 나노부품, 나노시스템을 만드는 기술이다. 나노 기술을 이용하면 지금까지와 비교할 수 없을 만큼의 강도를 가진 신소재를 개발할 수 있고, 현재의 반도체보다 몇 백 배나 빠른 반도체의 생산이 가능해진다. 또한 미세 로봇의 개발이 가능하여 의료, 환경 등 다양한 분야에서 활용될 수 있다.

　자동차에 나노 복합소재를 사용하면 가벼워지고 단단해져 연료의 소비를 줄일 수 있다. 나노 복합소재는 철보다 가벼우면서 강도가 더 높기 때문에 철강 소재를 대부분 대체할 수 있으므로, 항공기, 자동차 및 스포츠·레저 분야뿐만 아니라, 선박, 일반 산업기기, 의료기기, 군수용품, 건축 및 토목 자재에 이르기까지 다양하게 응용될 수 있다. 이렇듯 나노산업은 산업에 혁신을 가져오는 고부가가치 산업이다.

유망 직업

• 나노섬유 의류전문가

나노 섬유를 이용한 특수한 기능을 가진 옷을 만드는 전문가이다. 여름철에는 조금만 움직여도 땀이 많이 나고 냄새가 날 수 있는데 이럴 때 빨리 마르고 냄새가 나지 않게 하는 섬유로 만들어진 옷이 있다면, 장시간 입어도 문제없이 활동할 수 있다. 이런 특별한 섬유를 만드는 것이 나노 기술로 가능해졌다.

나노 기술을 섬유 기술에 도입해서 만든 섬유가 바로 나노 섬유이다. 나노 섬유는 옷감의 재료인 일반 섬유 소재와는 달리 공기 구멍이 매우 작아 먼지나 박테리아가 통과하지 못한다. 그래서 오염이 쉽게 되지 않고 필터 역할도 할 수 있다.

나노섬유 의류전문가는 천(직물), 옷, 양물 등에 사용되는 여러 섬유제품의 품질을 연구하고, 새로운 첨단 나노 섬유 소재를 연구하고 개발하는 일을 한다. 그리고 나노 섬유를 활용한 특수 기능성 의복(의료복, 소방복 등)과 신발 등을 디자인하며 나노 섬유의 특징들을 활용한 특수 의상을 개발한다.

나노 섬유는 매우 다양한 특징을 가졌기 때문에 활용 가능성이 무궁무진하다. 최근에는 나노 섬유와 IT 기술을 결합한 차세대의 기능성 신소재인 스마트 섬유가 주목받고 있다. 스마트 섬유는 컴퓨터 칩으로 데이터를 교환하고 옷과 외부의 디지털 기기와 연결할 수 있다. 예를 들어 옷에 **GPS**를 달아 치매 노인이나 아동의 실종을 방지할 수도 있고, 옷을 입은 사람의 생체 정보를 파악하는 섬유를 만들 수도 있고, **3D** 기술을 활용해 골절을 방지하는 의복을 개발할 수도 있다.

앞으로는 나노섬유를 통해 인체의 생체기능을 전자센서로 인지하여 질병을 예방하고 더 나아가 생명도 연장시킬 수도 있게 될 것이다. 미래에 이러한 일들을 가능하게 하는 직업이 바로 나노섬유 의류전문가다.

섬유시스템공학과, 섬유패션공학과, 섬유공학과, 패션섬유학과, 재료공학과, 신소재공학과 등을 전공하면 유리하다. 연구소나 기업 섬유관련기관에서 일할 수 있다.

• **나노 공학 기술자**

나노 공학에서는 나노미터 수준의 물질을 측정하고 물질의 성질을 연구하고 활용하는 방법을 전자, 바이오, 소재, 장비 등에 적용한다. 나노를 측정할 수 있는 장비나 설비를 연구하고 개발한다. 생명 공학, 환경, 에너지 등의 분야에서 나노화장품과 나노 필터와 같은 나노 제품을 개발한다.

재료 공학, 신소재 공학 등을 공부하면 유리하다. 나노 분야는 생물학, 의학, 전자 공학 등 다양한 학문과 융합하고 있어 자연 과학과 공학 분야 지식과 나노 기술을 함께 배우면 더없이 좋다. 앞으로 나노 공학은 반도체, 생체 공학, 의학 등의 분야에서 쓰임새가 더욱 많아질 것으로 예상된다.

• 나노 의사

나노의사는 나노 크기의 의료기구로 질병을 치료하는 전문의사다. 나노 기술을 이용하여 모공으로 화장품을 흡수시킨다든지 나노 크기의 침을 이용해 피부에 직접 꽂아 쓰는 의학용 센서 등 아주 미세한 크기로 재료를 다루거나 처치하는 분야에서 성과를 내고 있다. 나노 기술이 발달하면 직접 메스를 들고 피부를 절개하는 외과수술은 사라질 가능성이 높다. 스탠퍼드 의대 연구진은 나노입자와 영상화 기법을 결합해서 뇌종양에 걸린 쥐의 종양을 초정밀도로 잘라내는 데 성공했다. 나노 기술의 활용 가능성을 볼 때, 나노 의사는 의료계의 모든 분야에서 활약하게 될 것으로 전망된다.

• 나노 바이오 연구원

생명체를 구성하는 바이오 물질을 나노미터 크기에서 조작·제어하고 연구·분석한다. 나노바이오 관련 핵심기술에 관해 연구한다. 연구를 통해 임상분석기기, 진단기기, 생체재생 분야, 항암제, 신의약품 등 각종 응용분야에 관한 연구를 한다.

김 희 용

미래기술산업연구원장, 미래기술직업캐스터, 경영학박사, thomashykim@gmail.com

현재 미래기술산업연구원장. 한국과학기술기획평가원(KISTEP) 연구위원으로 근무하였으며 1986년 KIST입사 후 남극세종기지설립지원, 개도국 및 선진국과의 국제협력, 국가연구개발사업평가 및 기술사업화 관련업무를 수행.
2001년에는 기업기술가치평가사 자격을 취득하고, 대학원에서 기술이전을 전공하고 대한민국기술사업화 자문위원 및 창조경제타운의 기술사업화 멘토로서 활동.
2010년 과학기술진흥유공 공로로 대통령표창을 수상하였으며
현재는 초중고교생을 위한 과학기술진로컨설턴트 및 한국연구재단, 한국해양수산과학진흥원, 지식재산전략원, 한국산업기술진흥원, 정보통신산업진흥원 등의 사업평가위원으로 활동하고 있다.

▸ 일본 CICC(국제정보화협력센터) 연수연구원(1987)
▸ 중국과학원(CAS) 과학기술정책연구소 초빙연구원(1997)
▸ 중앙대학교 행정대학원 학술이사(2004)
▸ 과학창의앰배서더 활동(2012)
▸ 과학기술나눔포럼 발기인(2012)
▸ 국경없는 과학기술자회원활동(2016)
▸ 4차산업혁명학회 정회원활동(2017)
▸ 과학기술진로컨설턴트(2020)

인공지능시대 주인으로 살기

2023년 8월 30일 초판 인쇄
2023년 9월 5일 초판 발행

저   자 | 김희용
발행인 | 최익영
펴낸곳 | 도서출판 책연
주   소 | 인천광역시 부평구 부영로 196
         Tel (02) 2274-4540 | Fax (02) 2274-4542

ISBN 979-11-92672-07-6   03300   정가 15,000원